JN086149

定型約款の実務
Q&A 補訂版

村松秀樹
法務省大臣官房会計課長
（元法務省民事局参事官）

　　　　著

松尾博憲
弁護士
（元法務省民事局付）

●補訂版はしがき

　民法の一部を改正する法律（平成29年法律第44号）による民法の
債権関係の規定の改正が施行されて、3年余りが経過しました。こ
の改正によって新設された定型約款に関する規定については、関連
する法令の規定の改正やガイドラインの公表等の新たな動きがあっ
たほか、定型約款に関する規定の解釈が争われた裁判例も現れてい
ます。

　上記のような新たな動きや裁判例の動向を踏まえて本書の初版を
改訂することを株式会社商事法務からご提案いただいたことから、
補訂版を刊行することとしました。

　補訂版においては、信託取引に関する記述も新規に加えたほか、
初版の刊行後、頂いたご意見やご指摘を踏まえ、私達の見解をより
明確化する必要がある箇所や、より詳細に説明をしておく必要があ
ると考えられる箇所についても、初版の記載を修正しています。

　引き続き、本書をきっかけに、定型約款に関する諸問題について
の議論が更に深められていくことを切に希望しております。

　令和5年6月
　　　法務省大臣官房会計課長（元法務省民事局参事官）　村松　秀樹
　　　　　　弁護士（元法務省民事局付）　松尾　博憲

●初版はしがき

　民法のうち債権関係の分野について、明治29年（1896年）の同法の制定以来およそ120年ぶりに全般的な見直しを行う「民法の一部を改正する法律」（平成29年法律第44号）が成立し、改正法は、ごく一部の例外を除いて、平成32年（2020年）4月1日から施行されます。

　この改正によって、債権関係のルールは大きく変更されることになりますが、その中でも、特に、定型約款に関するルールは法制審議会における様々な観点からの議論に基づいて新設されたものであり、その他の改正項目とは異なり、その解釈において参考となる旧法下の裁判例や学説上の考え方が存在するわけではありません。

　定型約款を利用した取引が現代の経済活動において不可欠のものであり、業態を問わず、改正の影響が大きいことを考えると、定型約款に関する新設された規定の解釈をできるだけ明らかにし、具体的な取引への当てはめも明らかにする必要性が高いと考えられます。

　そこで、法務省民事局において定型約款に関する規定の立案を担当する機会を得た私たちが、個人的な見解に基づくものとはいえ、今後生起するであろう各種の問題について立案の趣旨を踏まえるとどのように考えられ得るのかなどを明らかにすることには、一定の意味があるだろうと考え、本書を執筆することとしたものです。

　そのため、本書には、これまで、公には議論されていないような問題についても私たちの考え方を明らかにしている部分が含まれています。

　本書をきっかけに、定型約款に関する諸問題についての議論が更に深められていくことを切に希望しております。

　最後に、定型約款に関する規定の立案段階から現在に至るまで、

経済実務界や消費者団体の皆様、法曹界の皆様、研究者の皆様から、ご多忙の中、極めて多くのご意見・ご教示を賜りました。この場を借りて厚く御礼を申し上げます。

平成 30 年 9 月
　　法務省民事局民事第二課長（元法務省民事局参事官）　村松　秀樹
　　　　　　　　　　弁護士（元法務省民事局付）　松尾　博憲

●凡　例

　本書中、法令の条文等を引用する場合に用いた略語は、次のとおりです。

改正法	民法の一部を改正する法律（平成29年法律第44号）
改正法案	民法の一部を改正する法律（案）
整備法	民法の一部を改正する法律の施行に伴う関係法律の整備等に関する法律（平成29年法律第45号）
新法	改正法による改正後の民法
旧法	改正法による改正前の民法
個人情報保護法	個人情報の保護に関する法律（平成15年法律第57号）
中間論点整理	民法（債権関係）の改正に関する中間的な論点整理（平成23年6月3日補訂）
中間論点整理の補足説明	民法（債権関係）の改正に関する中間的な論点整理の補足説明（平成23年6月3日補訂）
中間試案	民法（債権関係）の改正に関する中間試案（平成25年7月4日補訂）
民法（債権関係）部会	法制審議会民法（債権関係）部会

· ·

定型約款の実務Q&A〔補訂版〕

もくじ

第3編　議論の経緯解説

第4編　参考資料

第1編

概要解説

第1 民法(債権関係)改正の経緯等

1 法案提出に至るまでの経緯

　民法のうち、債権関係の規定については、明治29年（1896年）に制定されて以来、実質的な見直しがほとんど行われておらず、概ね制定当時の内容のままであった。他方で、この間における我が国の社会・経済情勢は、取引量が劇的に増大するとともに、取引の内容が複雑化・高度化する一方で、情報伝達の手段が飛躍的に発展したことなど、様々な面において著しく変化している。このような変化に対しては、これまで、民法の特則を定めた法律（例えば、借地借家法）を制定すること等により対応がされてきたが、取引に関する最も基本的なルールを定めている民法の債権関係の規定についても、この変化に対応させていく必要が生じている。また、裁判実務においては、多数の事件について民法を解釈・適用する中で、膨大な数の判例が蓄積されてきている。さらに、確立した学説上の考え方が実務で広く受け入れられ、解釈の前提となっているものも多い。しかし、それらの中には、条文からは必ずしも容易に読み取ることのできないものも少なくないため、民法が定める基本的なルールが分かりにくい状態となっていた。

　このような状況を踏まえ、平成21年（2009年）10月28日、法務大臣から、法制審議会に対し、「民事基本法典である民法のうち債権関係の規定について、同法制定以来の社会・経済の変化への対応を図り、国民一般に分かりやすいものとする等の観点から、国民の日常生活や経済活動にかかわりの深い契約に関する規定を中心に見直しを行う必要があると思われるので、その要綱を示されたい。」との

諮問（第 88 号）がされた。法制審議会では、「民法（債権関係）部会」（部会長：鎌田薫早稲田大学総長（当時））が設置され、同部会において、同年 11 月から平成 27 年（2015 年）2 月までの 5 年余りにわたり、合計 99 回の会議及び合計 18 回の分科会が開催され、2 度にわたり実施された意見募集（パブリック・コメント手続）の結果も参考にしながら、幅広い観点から審議が行われた。この部会での審議結果を踏まえ、最終的には、同年 2 月 24 日、「民法（債権関係）の改正に関する要綱」が全会一致で決定され、法務大臣に答申がされた。

　そして、その後の立案作業を経て、平成 27 年 3 月 31 日、「民法の一部を改正する法律案」及び「民法の一部を改正する法律の施行に伴う関係法律の整備等に関する法律案」が第 189 回国会（常会）に提出された。

2　国会審議の経過等

　上記各法律案は、先行して提出された他の法律案の審議が優先されため、第 189 回、第 190 回及び第 191 回国会では審議がされないまま継続審議とされた。平成 28 年（2016 年）秋の第 192 回国会（臨時会）では、同年 11 月 16 日から衆議院法務委員会における審議が開始されたが、同国会においては審議未了により継続審議とされ、続く平成 29 年（2017 年）の第 193 回国会（常会）において、若干の技術的修正が行われた上で、同年 4 月 12 日に衆議院法務委員会において賛成多数で可決された。両法案は、同月 14 日に衆議院本会議で賛成多数で可決され、参議院に送付された。

　参議院法務委員会においては平成 29 年 4 月 20 日から審議が開始され、同年 5 月 25 日に参議院法務委員会で賛成多数で可決された。そして、両法案は、同月 26 日に参議院本会議で賛成多数で可決され、法律として成立し、同年 6 月 2 日に公布された。

　国会において審議対象となった項目は多岐にわたるが、特に、い

わゆる第三者保証人の保護策について、例えば、経営者の親族、知人・友人、取引先の経営者といった主債務者の経営に実質的には関与していないような第三者が保証人になることは一切禁止すべきではないか、個人事業主である主債務者が行う事業に現に従事している主債務者の配偶者を公証人による保証意思確認手続の対象から除外することは妥当なのかといった観点からの質疑に多くの時間が割かれたほか、定型約款の規定に関しては、定型約款の定義の解釈と具体例の定型約款該当性、定型約款によって契約が成立する要件を充足すると合意があったものとみなされるが、これによって契約の相手方に不利益が生じないか、約款の内容を事業者側が一方的に変更することができるとされているが、これによって取引の相手方に不利益な変更が行われることによる問題が生じないかといった点について質疑がされた。

　なお、衆議院法務委員会では、定型約款に関して、次のような附帯決議（関連部分抜粋）が付されている。

「政府は、本法の施行に当たり、次の事項について格段の配慮をすべきである。
　五　定型約款について、以下の事項について留意すること。
　　　1　定型約款に関する規定のうち、いわゆる不当条項及び不意打ち条項の規制の在り方について、本法施行後の取引の実情を勘案し、消費者保護の観点を踏まえ、必要に応じ対応を検討すること。
　　　2　定型約款準備者が定型約款における契約条項を変更することができる場合の合理性の要件について、取引の実情を勘案し、消費者保護の観点を踏まえ、適切に解釈、運用されるよう努めること。
　六　消滅時効制度の見直し、法定利率の引下げ、定型約款規定の

創設、また、個人保証契約に係る実務の大幅な変更など、今回の改正が、国民各層のあらゆる場面と密接に関連し、重大な影響を及ぼすものであることから、国民全般に早期に浸透するよう、積極的かつ細やかな広報活動を行い、その周知徹底に努めること。」

　また、参議院法務委員会でも、定型約款に関して、次のような附帯決議（関連部分抜粋）が付されている。

「政府は、本法の施行に当たり、次の事項について格段の配慮をすべきである。
　七　定型約款について、以下の事項について留意すること。
　　1　定型約款に関する規定のうち、いわゆる不当条項及び不意打ち条項の規制の在り方について、本法施行後の取引の実情を勘案し、消費者保護の観点を踏まえ、必要に応じ対応を検討すること。
　　2　定型約款準備者が定型約款における契約条項を変更することができる場合の合理性の要件について、取引の実情を勘案し、消費者保護の観点を踏まえ、適切に解釈、運用されるよう努めること。
　十　消滅時効制度の見直し、法定利率の引下げ、定型約款規定の創設、また、個人保証契約に係る実務の大幅な変更など、今回の改正が、国民各層のあらゆる場面と密接に関連し、重大な影響を及ぼすものであることから、国民全般、事業者、各種関係公的機関、各種の裁判外紛争処理機関及び各種関係団体に早期に浸透するよう、積極的かつ細やかな広報活動を行い、その周知徹底に努めること。」

3　施行日

改正法の施行日は、十分な周知期間と施行までの準備期間を設ける観点を踏まえ、「民法の一部を改正する法律の施行期日を定める政令（平成29年政令第309号）」により、令和2年（2020年）4月1日とされ、同日から施行された。

ただし、定型約款に関し、次の例外がある。

定型約款に関しては、施行日前に締結された契約にも、改正後の規定が適用されるが（改正法附則第33条第1項本文）、当事者の一方が施行日前（令和2年3月31日まで）に書面又は電磁的記録により反対の意思表示をすれば、改正後の規定は適用されない（同条第2項・第3項）。この反対の意思表示に関する規定は平成30年（2018年）4月1日から施行された。

第2 定型約款に関する規定の概要

1　定型約款に関する規定の必要性

　現代社会においては、大量の取引を迅速かつ安定的に行うために、極めて多種多様な取引において、詳細な取引条件等を定めたいわゆる「約款」を用いることが必要不可欠となっている。

　また、現代においては、古典的に想定された約款の利用形態にとどまらない多様な契約の締結の方法がみられるようになっている。事業者の代表者の面前で分厚い契約書に署名・押印をするという契約の締結形態だけでなく、例えば、券売機でチケットを購入して契約を締結するといった方法や、IC カードを利用して契約を締結するといった方法もある。また、インターネットにおいても、一定の利用規約を前提に「同意」ボタンをクリックするといった方法で契約を締結するといった方法や、画面の所定の部分に利用規約があることを明示しながらその規約に従った利用を求めるなどの方法（無償での契約で採用されている。）などもみられる。

　そして、この約款を利用した取引については、取引の相手方である顧客はその内容を詳細には認識しないのが通常であり、むしろ、約款の存在自体もあまり意識がされないといったケースもみられる。例えば、運送契約などには約款自体の存在が顧客にほとんど認識されていないといったケースがあり、また、金融取引の一部については、契約締結前には契約の重要事項の説明は行われるが、約款自体は契約締結後に顧客に送付されるものもある。

　このように、約款を利用した取引については、その一般的な特質として、取引の相手方である顧客が約款に定められた個別の契約条

項の内容をほとんど認識していないという特徴がある。もっとも、
民法の原則によれば、契約の当事者は契約の内容を認識して意思表
示をしなければ契約に拘束されないと解されているため、なぜ約款
中の個別の条項に顧客が拘束されるのか、また、どのような要件の
下で顧客は拘束されると解すべきかといった問題が生じていた。

　この問題については、顧客が約款の内容を認識していなくとも、
一定の要件を充足することにより、契約の内容になることがあると
いう理解が一応の前提となり、約款は広く利用されてきたといえる。
古いものではあるが、判例（大判大正4年12月24日民録21輯2182頁）
は、火災保険約款中の免責条項の効力が争われた事案において、当
事者双方が特に保険約款によらない旨の意思表示をせずに契約した
ときは、その約款による意思で契約したものと推定すべきであると
していた。この判例の理解自体は一様でないが、保険加入者は約款
による意思で契約したものと推定すべきであるとしており、約款の
内容を認識していなくとも約款による意思があれば当事者は約款に
拘束される余地を認めているものと考えられる。もっとも、この判
例に関しては、約款の内容を認識しないまま契約を締結した場合に、
約款による意思をもって契約をしたと推定することによって契約の
拘束力を認めるのは無理があるとの批判や、意思の推定といいなが
らも、実際に反証がされることを予定していないのではないかとい
う批判があり、契約の成立要件については、様々な見解が主張され
ていた。

　また、約款については、別の問題も指摘されている。すなわち、
約款は複雑な契約条項を設けることが可能であることから、これを
利用して継続的な契約が締結されることも多く行われている。しか
し、継続的な契約がされた場合には、契約期間中に起きた法令の変
更等や経済環境の変動等に対応するため、契約の締結後に、約款の
内容を事業者が一方的に変更する必要が生ずることが少なくない。

しかし、民法の一般的な理論によれば契約の変更は、たとえ、相手方に権利を付与するなど相手方にとって有利な内容のものであっても、相手方の同意を要すると理解されているが、実務においては、約款中に設けられた「一方的な変更をすることがある」旨を定めた条項（「変更条項」などと呼ばれる。）を根拠にするなどして、契約の内容を事業者が顧客の同意を取らずに一方的に変更することが現実に行われている。

　もっとも、そのような方法はそもそも有効であるといえるかや、どのような要件の下で有効と解するべきかといったことについては通説的な見解が確立している状況にはなく、このような問題を明示的に検討した判例や下級審裁判例も見当たらない状況にあった[注1]。

　以上の問題状況を踏まえ、新法においては、約款を用いた取引の法的安定性を確保するため、定型約款に関する 3 箇条の規定（新法第 548 条の 2 から第 548 条の 4 まで）が設けられた。

　（注 1）改正法案の提出後、約款を利用した契約についての事後的な一方的変更の可否が争われた裁判例が現れている。例えば、福岡高判平成 28 年 10 月 4 日金法 2052 号 90 頁は、銀行が預金規定に暴力団排除条項を追加するための約款の変更を一方的に行い、この暴力団排除条項に基づいて預金者との預金契約を解除したとのケースにおいて、その変更の可否自体が争点となった事案であったが、預金契約については、定型の取引約款によりその契約関係を規律する必要性が高く、必要に応じて合理的な範囲において変更されることも契約上当然に予定されていること、暴力団排除条項を既存の預金契約にも適用しなければ、その目的を達成することは困難であること、この規定が遡及適用されたとしても、そのことによる不利益は限定的で、かつ、預金者が暴力団等から脱退することによって不利益を回避できることなどを総合考慮して、相手方の同意のない約款の変更の有効性を認めた。

　また、東京高判平成 30 年 11 月 28 日判時 2425 号 20 頁（第一審：東京地判平成 30 年 4 月 19 日判時 2425 号 26 頁）は、事業者側が一方的に約款の内容を変更することができる旨の条項が、消費者契約法 10 条により不当条項に該当する

として、契約締結の差止めが請求されたとの事案において、改正法施行前の民法においても、変更条項の有無にかかわらず、必要に応じて合理的な範囲において、当事者の個別の同意がなくても約款を変更することができる場合があるという限度での約款法理が確立しており、変更条項が存在しても無限定の約款変更が認められるわけではないとの理解を示した上で、個別の約款変更の有効性については、改正民法の定めが参考となり、契約の目的、変更の必要性、変更後の内容の相当性、定型約款を変更することがある旨の定めの有無等に照らして、合理的なものであるか否かを検討する必要があると判示した。この理解を前提に、変更条項は、消費者契約法10条の法令中の公の秩序に関しない規定の適用による場合と比して、消費者の権利を制限し又は消費者の義務を加重する条項とは認められないと判断した。

　当該事案では、請求書払いで携帯電話の利用料金等の支払を行っている契約者について、1回の請求につき100円（税抜き）の発行手数料を負担させることを内容とする契約約款の変更が行われたが、この点については、環境保護の取組の一環として紙媒体の発行数のさらなる削減を目的とするものであり、その目的が不当、不合理であるとか、携帯電話の利用に係る通信サービス契約の目的に反するなどということはできないばかりか、紙媒体の請求書等の発行を受ける契約者についてのみ生じる費用を当該契約者に負担させることは、契約者間の公平にも適うものであって、内容も相当であると判断している。

2　定型約款等の定義

　新たに設ける約款に関する規律の適用範囲を明確にするため、①ある特定の者が不特定多数の者を相手方として行う取引であって、②その内容の全部又は一部が画一的であることがその双方にとって合理的なものを「定型取引」と定義した上で、③定型取引において、契約の内容とすることを目的としてその特定の者により準備された条項の総体を「定型約款」と定義し（新法第548条の2第1項）[注2]、これについて新たなルールを適用することとしている。なお、新法においては、定型約款を準備する者を「定型約款準備者」と、定型約款準備者の取引相手である顧客を単に「相手方」と呼称している。

　このうち、①「ある特定の者が不特定多数の者を相手方として行う取引」とは、ある取引主体が取引の相手方（顧客）の個性を重視せずに多数の取引を行うような場面を抽出するための要件である。また、②「（取引の）内容の全部又は一部が画一的であることがその双方にとって合理的」なものという要件は、定型約款を細部までは読んでいない者を拘束することが許容されるのは、定型約款を利用しようとする定型約款準備者だけでなくその相手方（顧客）にとっても取引の内容が画一であることが合理的であると客観的に評価できる場合に限られることを踏まえ、適切な範囲に取引を限定するものである。そして、これらの要件を満たす取引（定型取引）において、③「契約の内容とすることを目的としてその特定の者により準備された条項の総体」が定型約款であるが、これは、当事者の一方が契約内容を補充する目的（顧客は具体的には認識をしない可能性を想定しながらも、事業者が契約の細部を定めておくという目的）で、事前に作成していた定型的な契約条項が対象となることを示すものである。契約に際してある特定の相手方との関係について特別な条項が設けられたケースについては、その条項部分は事前に準備された定型的な条項ではなく、その部分はこの「契約条項の総体」には含まれない。また、この「契約条項の総体」とは、ある取引に使われる契約条項を指し、複数の契約書面によって構成されるものであっても構わない。

　例えば、鉄道の運送取引における運送約款、宅配便契約における契約約款、電気供給契約における電気供給約款、普通預金規定、保険取引における保険約款、インターネットを通じた物品売買における購入約款、インターネットサイトの利用取引における利用規約、市販のコンピュータソフトウェアのライセンス規約など、事業者が大量の顧客を相手方として行う多様な取引において使用される契約条項が「定型約款」に該当する。

　（注2）新法においては、「約款」に関する規定を新設するに当たり、規律の対象とすべきものを定義しているが（新法第548条の2第1項）、この定義によれば、ある種の事業者間取引で用いられる契約書のひな型のように、従来は「約款」と呼ばれることが少なくなかったものであっても、規律の対象に含まれないものもある（後記Q12参照）。そこで、新法においては、この規定を新設する趣旨に基づいて特に定義されたものであることを明確にするため、「定型約款」という特別な名称が付されている。

3　定型約款による契約の成立

　定型約款を利用して契約を成立させるためには、①(i)定型約款を契約の内容とする旨の合意をした場合、又は(ii)定型約款準備者があらかじめその定型約款を契約の内容とする旨を相手方に表示していた場合のいずれかの場合において、②契約の当事者において取引を行う旨の合意（定型取引合意）がされたことを要するとし、これらの要件を満たす場合には、定型約款に記載された個別の内容について認識していなくとも定型約款の個別の条項について合意をしたものとみなす旨の規定を新設している（新法第548条の2第1項）。

　このうち、①(i)の「定型約款を契約の内容とする旨の合意をしたこと」を要件としたのは、約款を利用した取引の安定を図るという観点から、特定の約款によることの合意があれば、原則としてその条項が契約の内容となるとしているとする旧法下での判例（前掲大判大正4年12月24日）の方向性を踏襲するものである。この合意は黙示の合意であってもよい。

　次に、①(ii)「あらかじめその定型約款を契約の内容とする旨を相手方に表示していた」場合に定型約款の個別の条項について合意をしたものとみなす（擬制する）旨の規定を置いているのは、このような場合に、当事者が実際にその取引を行ったのであれば、通常は「定型約款を契約の内容とする旨の」黙示の合意があったといえると考

えられるが、黙示の合意の認定は、必ずしも容易ではないこともあり、定型約款を利用した取引の安定を図る観点からは、このようなケースについても、黙示の合意がされたか否かの判断を経ることなく、定型約款の個別の条項について合意があったものとみなすのが適切であるためである（新法第548条の2第1項第2号）。このように、この規定は、黙示の合意があるといい得る局面を主として想定したものであることから、ここでの「表示」とは、取引を実際に行おうとする際に、顧客である相手方に対して個別に示されていると評価ができるものでなければならない。定型約款準備者のホームページなどにおいて一般的にその旨を公表するだけでは足りず、インターネットを介した取引などであれば契約締結画面までの間に画面上で認識可能な状態に置くことなどが必要である。この要件に該当すれば、黙示の合意の存在が認められなくても合意があったものと擬制されることになる。

　なお、鉄道の乗車契約や高速道路の通行契約等においては実際上定型約款が準備されていることが通例であるが、都心の駅等でICカードを使って鉄道の自動改札を通過する場合や、ETCを利用して高速道路を通行する場合を念頭に置くと、その都度、定型約款による旨の表示を適切にすることは実際上容易ではないし、事前に合意をしておくことも困難な場合がある。他方で、これらの取引については、容易かつ迅速にその利用契約の成立を認める公共的な必要性も高いといえる。そこで、以下の法律において、あらかじめその定型約款を契約の内容とする旨を公表すれば足りる旨の特則が設けられている。

- 鉄道営業法第18条ノ2（鉄道による旅客運送取引）
- 軌道法第27条ノ2（路面電車、モノレール等による旅客運送取引）

- ・　海上運送法第32条の2（フェリー等による旅客運送取引）
- ・　航空法第134条の4（飛行機による旅客運送取引）
- ・　道路運送法第87条（乗合バス等による旅客運送取引）
- ・　道路整備特別措置法第55条の2（高速道路等の通行に係る取引）
- ・　電気通信事業法第167条の3（電気通信役務の提供に係る取引）

　②の契約の当事者における取引を行う旨の合意（定型取引合意）とは、個別具体的な取引を行うことの合意であり、契約の詳細な内容を認識しないままにされることがある。例えば、コインロッカーに手荷物を保管する際には、コインロッカー使用約款の詳細（収容することができない物を入れた場合の処理、事故による保管物の損傷等についての免責条項等）を認識しないまま、手荷物を保管するために、対価を支払ってコインロッカーを使用する旨の合意をすることがあるが、このような合意が定型取引合意である。この合意も黙示の合意であってよい。

4　不当な条項の取扱い

　合意をしたものと擬制をすることが適切でない条項に拘束される事態の発生を防止するため、新法においては、相手方の権利を制限し、又は相手方の義務を加重する条項であって、信義則（民法第1条第2項参照）に反して相手方（顧客）の利益を一方的に害すると認められる条項については、上記3の要件を満たす場合であっても、合意をしなかったものとみなしている（新法第548条の2第2項）。

　また、信義則違反の判断の際には、「定型取引の態様」やその「実情」、さらには「取引上の社会通念」が必要的に考慮される。このうち、「定型取引の態様」が考慮事由とされたことから、信義則に反する不当な条項であるか否かの判断に当たって、定型取引は、客観的

に見て画一性が高い取引であるといえることなどから、相手方である顧客においても約款の具体的な内容を認識しようとまではしないのが通常であるという「定型約款の特質」が考慮されることになり、その観点から不当性の審査が行われる。また、定型取引の「実情」として、定型取引の一般的な特質だけでなく、個別の取引の実情も具体的に考慮される。例えば、保険取引や電気供給取引といった定型約款が利用されている個別の取引類型における実情を具体的にみたときに、その条項を設ける必要性や相当性が低く、一般にそのような条項を設ける例も多くないことなどは、合意をしなかったものとみなされる方向で考慮されることになる。

　これによって合意をしなかったものとみなされる条項の例としては、相手方に対して過大な違約罰を定める条項、定型約款準備者の故意又は重過失による損害賠償責任を免責する旨の条項など、その条項の内容自体に強い不当性が認められるものや、売買契約において本来の目的となっていた商品に加えて想定外の別の商品の購入を義務付ける不当な抱合せ販売条項など、その条項の存在自体を顧客側が想定し難く、その説明などもされていないために不当な不意打ち的要素があるものなどが想定される。

　なお、条項の不当性の判断に当たっては、個別具体的な相手方ごとに諸事情が考慮されるため、特定の相手方（顧客）との関係でのみ合意をしなかったものとみなされることもあり得る。

5　定型約款の内容の表示

　定型取引の当事者に定型約款の内容を知る権利を保障する必要があることから、新法においては、定型取引を行い、又は行おうとする定型約款準備者は、定型取引合意の前又は定型取引合意の後相当の期間内に相手方（顧客）から請求があった場合には、遅滞なく、相当な方法でその定型約款の内容を示さなければならない（新法第

548条の3第1項本文)。ここでいう定型約款の内容を示す「相当な方法」としては、定型約款の内容を記載した書面を送付する方法や、定型約款の内容を記録した電子データを電子メール等で送付する方法、定型約款を記載した書面を顧客の面前で示すといった方法のほか、自社のホームページにあらかじめ定型約款の内容を掲載し、顧客からの請求があった場合にはそのホームページを閲覧するように促す方法等が想定されている。

　もっとも、定型約款準備者が既に相手方に対して定型約款を記載した書面を交付し、又はCD、DVDなどで定型約款の内容を記録した電磁的記録を提供していたとき（電磁的記録を提供したと評価することができるためには、書面での交付と同様に、顧客がそのデータを管理し、自由にその内容を確認することが可能な態様で行われる必要があり、上記の会社ホームページへの掲載はこの要件を満たさないことに注意を要する。）には、相手方の表示請求があっても、これに応ずる必要はない（新法第548条の3第1項ただし書）。

6　定型約款の変更

　定型約款を利用して締結された契約（既存の契約）について、定型約款準備者は、相手方（顧客）の同意を得ることなく一方的に契約の内容を変更する「定型約款の変更」をすることができる。必ずしも相手方（顧客）の利益に適合するとはいえず、場合によっては不利益を生じさせるとしても、法令の変更等や経済環境等の変動に対応して定型約款を変更する必要性が生ずることがあることを踏まえたものであり、その実体的な要件としては、定型約款の変更が①「相手方の一般の利益に適合するとき」であるか、②「契約をした目的に反せず、かつ、……変更に係る事情に照らして合理的なものであるとき」のいずれかに該当することが必要である（新法第548条の4第1項）。

　①「相手方の一般の利益に適合するとき」についても、民法の一

般原則によれば、契約の変更には相手方の同意を要するが、この場合には、通常、相手方が変更に同意するといえることを踏まえ、定型約款の変更は広く認められる（後述のとおり、手続も緩和される。）。

　②「変更が契約をした目的に反せず、かつ、……変更に係る事情に照らして合理的なものであるとき」において、「契約をした目的」に反しないことを要件としているが、この「契約をした目的」とは、相手方（顧客）の主観的な意図を意味するのではなく、契約の両当事者で共有された当該契約の目的を意味するものである。また、「合理的なもの」であるか否かの判断においては、定型約款準備者にとってそのような変更をすることが合理的であるかどうかではなく、客観的にみて、当該変更が合理的であるといえるかどうかが問題とされる。その考慮事情としては、「変更の必要性、変更後の内容の相当性、この条の規定により定型約款の変更をすることがある旨の定めの有無及びその内容」が具体的に例示されている。「変更の必要性」は、定型約款準備者においてなぜ約款の変更を行う必要が生じたかといったことに加えて、個別の同意を顧客から取ることが困難である事情も考慮される。「変更後の内容の相当性」は、変更が必要となった事情と照らして変更された条項の内容が適切な内容となっているのか、過剰なものとなっていないかなどが考慮される。「この条の規定により定型約款の変更をすることがある旨の定めの有無」とは、定型約款中に、新法の規定によって定型約款準備者が定型約款を一方的に変更することがあり得る旨の条項（変更条項）が設けられているかどうかが考慮されるという趣旨である。もっとも、単に「定型約款の変更をすることがあり得る」旨を定めただけではさしたる意味はなく、より具体的に変更の条件や変更後の条項の内容が定められていた場合に、そのことが定型約款の変更を「合理的なもの」と認める積極的な事情として考慮される。

　このほか、「その他の変更に係る事情」として、変更によって相手

方が受ける不利益の程度や性質やこのような不利益を軽減させる措
置が取られているかなどが考慮される。例えば、変更後の契約内容
に拘束されることを望まない相手方に対して契約を解除する権利を
付与したことや、変更の効力が発生するまでに猶予期間を設けるこ
となどは、相手方の不利益を軽減する措置と評価することができる
から、定型約款の変更を「合理的なもの」と認める方向で斟酌され
ることになる。

　次に、定型約款の変更の手続的な要件として、定型約款準備者は、
定型約款の変更をするときは、その効力発生時期を定めた上で、定
型約款を変更する旨及び変更後の定型約款の内容並びにその効力発
生時期をインターネットの利用その他の適切な方法により周知しな
ければならないとされている（新法第548条の4第2項）。また、上記
の②の要件に基づく変更については、効力発生時期が到来するまで
に周知をしなければならず、周知が完了していなければ定型約款の
変更は効力を生じない（同条第3項）。

　なお、定型約款の変更については、変更後の条項の内容の不当性
も含めて新法第548条の4第1項の要件で判断すれば足りることか
ら、新法第548条の2第2項の規定は適用されない[注3]（新法第548
条の4第4項）。

　（注3）新法第548条の4第1項第2号では変更後の条項の相当性を含めた判
断として変更の合理性を要するものとし、積極的に「合理的」であるといえなけ
れば変更後の条項は当事者を拘束しない。これに対し、不当条項規制では当該
条項が「合理的」である必要はなく、その不合理性が著しく、諸般の事情を考慮
して信義則に反して相手方の利益を一方的に害すると認められた場合にだけ、
当該条項が当事者を拘束しない。したがって、定型約款の変更に関する同号の
要件は、不当条項規制の要件と比較すれば、定型約款準備者にとって厳格なも
のといえる。
　なお、定型約款の変更がより厳格なのは、一度成立した契約の内容を変更す

るものであり、変更前の契約内容に対する相手方の期待を保護する必要性が高いことによるものである。

7　経過措置

　改正法の経過措置においては、法令の適用の結果について当事者の予測が形成される一定の事象の発生を基準とし、それが施行日前に生じた場合には、新法を適用しないという基本的な考え方を採用し、基本的に、施行日前に締結された契約や施行日前に生じた債権債務には旧法が適用される。

　もっとも、定型約款に関する今回の改正は、定型約款の規律について確立した見解がなく、裁判例を含めて実務的に不透明な状況にあるということを前提として、新たに合理的な規律を設けようとするものである。そのため、旧法に既に一定の規律が定められている部分の改正とは異なり、新法の施行日前に定型約款を利用して契約をした当事者に、施行日後において一定の規律に服することへの期待があるとはいい難く、むしろ、合理的な新法の規律を適用することが当事者の利益に一般的に資するといえる。また、実務的にも、定型約款は契約内容を画一化するために利用するものであるのに、定型約款の変更に関する規律が契約の締結時期で異なることとなれば、内容を画一化することができないおそれが生じ、適切ではないことから、特に定型約款の変更については新たな規律が一律に適用されるようにすることが望ましい。

　以上を踏まえ、定型約款に係る新法の規定については、他の規定に関する経過措置よりもその適用範囲を拡張し、旧法下で締結された契約に係る定型約款（以下「旧定型約款」という。）についても全体としてこれを適用することが原則とされている（新法主義。改正法附則第 33 条第 1 項)。ただし、法的安定性に配慮する必要があるため、

旧法の規定によって生じた効力は妨げない旨の規定が設けられている（同項ただし書）。

　他方で、不明確な状態であったとはいえ、旧法の下で新法とは異なる規律が適用されることを具体的に想定していた当事者が存することも例外的にあり得ないではないと考えられる。そこで、施行日までの間に当事者の一方（定型約款準備者でも、相手方（顧客）でもよい。）が書面又は電磁的記録によって反対の意思を表示した場合に限り、当該契約については引き続き旧法が適用される（改正法附則第33条第2項・第3項）。この反対の意思表示に関する経過措置は、平成30年（2018年）4月1日に施行された（改正法附則第1条第2号）。したがって、同日から新法全体の施行日の前日である令和2年（2020年）3月31日までに、反対の意思表示をすることが可能であったことになる[注4]。

　もっとも、このような配慮は、新法の適用を望まない当事者が解除、解約等により契約を終了させることができるのであれば、それで満たされており、それ以上に新法の適用を否定させるまでの必要には乏しいと考えられる。そこで、新法が適用されることについて反対の意思を表示することができるのは、自己の意思に基づいて定型約款に基づく契約関係から離脱する機会のない者に限定する観点から、「契約又は法律の規定により解除権を現に行使することができる者」は反対の意思を表示することができないとされている。

　（注4）反対の意思表示がされた場合には、旧法のルールに従うことになるが、定型約款に関する紛争に適用すべき旧法の規律は明確ではない点が多い。改正後の民法においては、当事者双方の利益状況に配慮した合理的な制度が設けられていることから、万一、反対の意思表示をするのであれば、十分に慎重な検討を行う必要があると考えられる（法務省のホームページ（https://www.moj.go.jp/content/001242840.pdf）においても、同趣旨の注意喚起がされている。）。

第2編

Q&A

Q1　定型約款に関しては、どのような規定が設けられたのですか。

A　新法においては、約款を用いた取引の法的安定性を確保するため、定型約款の定義、定型約款による契約の成立、定型約款の変更等について規定を新設しています。

なお、この改正の趣旨に従って抽出された契約条項の総体を特別に指し示す概念を新たに設けたことを、その文言自体からも明らかにする趣旨で、「定型約款」という名称を付しています。

1　定型約款の定義

新たな約款に関する規律の適用範囲を明確にするため、①ある特定の者が不特定多数の者を相手方として行う取引であって、②その内容の全部又は一部が画一的であることがその双方にとって合理的なものを「定型取引」と定義した上で、③定型取引において、契約の内容とすることを目的としてその特定の者により準備された条項の総体を「定型約款」と定義しています（新法第548条の2第1項）。また、定型約款を準備する者を「定型約款準備者」と、定型約款準備者の取引相手（一般的には「顧客」と呼ばれる立場でしょう。）を「相手方」と呼称しています。

2　定型約款による契約の成立

新法においては、定型約款を利用して契約を成立させるためには、①定型約款を契約の内容とする旨の合意をしていたか、又は②定型約款準備者があらかじめその定型約款を契約の内容とする旨を相手方に表示していたかのいずれかの場合において、契約の当事者において定型取引を行う旨の合意がされたことを要するとし、この要件を満たす場合には、定型約款に記載された個別の条項の内容につい

て相手方が認識していなくとも定型約款の個別の条項について合意をしたものとみなす旨の規定を新設しています（新法第548条の2第1項）。

　もっとも、このような擬制をすることが適切でない条項に相手方が拘束されるという事態の発生を防止するため、相手方の権利を制限し、又は相手方の義務を加重する条項であって、信義則（新法第1条第2項参照）に反して相手方の利益を一方的に害すると認められる条項については、合意をしなかったものとみなしています（新法第548条の2第2項）。

3　定型約款の内容の表示

　さらに、定型約款の内容を把握する権利を相手方（顧客）に与えるため、定型約款準備者は、定型取引合意の前後を問わず、相手方から請求があった場合には、遅滞なく、相当な方法でその定型約款の内容を示す義務を負うとし（新法第548条の3第1項本文）、定型約款準備者が定型取引合意の前においてその請求を拒んだときは、定型約款の個別の条項について合意があったものとはみなさないとしています（同条第2項）。

4　定型約款の変更

　定型約款を利用して締結された契約（既存の契約）につき、定型約款準備者が相手方の同意を得ることなく一方的に契約の内容を変更する「定型約款の変更」に関する規定を新設しています。

　すなわち、①相手方の一般の利益に適合するとき、又は②(i)定型約款の変更が契約目的に反せず、かつ、(ii)変更に係る諸事情に照らして合理的であると認められるときには、定型約款の変更をすることができるとして、定型約款の変更の実体要件を設けるとともに、その手続も定めています（新法第548条の4）。

［定型約款の定義］

Q2　　「定型約款」の定義は、どのようなものですか。

A　　新法においては、①ある特定の者（定型約款準備者）が不特定多数の者を相手方として行う取引であって、②その内容の全部又は一部が画一的であることがその双方にとって合理的なものを「定型取引」と定義した上で（**Q5**参照）、③定型取引において、契約の内容とすることを目的としてその特定の者により準備された条項の総体を「定型約款」というとしています（新法第548条の2第1項柱書き）。

このように、定型約款は、まず「定型取引」という一定の性質を有する取引関係を措定した上で、その取引において利用するために準備された契約条項の総体を定型約款と扱い、これまで不明確であった規律について合理的なルールを設けるとともに、取引の安定を図る観点から、いくつかの特殊な規律を適用することとしています。

これまでの民法の規定は、○○契約といった行為の類型に着目した規定が置かれることも多かったですが、定型約款についてはより広い「取引」という概念によって構成されています。

Q3 仮に相手方（顧客）が契約書の全ての条項を認識した上で、合意をしていたとしても、「定型約款」に該当するのですか。

A 定型約款の定義に該当する契約条項について、現実的にはまれであるとしても、相手方がその条項の内容を全て認識して契約が締結されることがあり得ます。しかし、その場合であっても、このような契約条項の定型約款該当性は失われないと考えられます。

　この場合にも、定型約款を契約の内容とする旨の合意は常にされていると考えられ、そうすると、新法第548条の2第2項の規定は適用されることになります。もっとも、同項の規定が適用されるとしても、相手方が定型約款の内容を全て認識していたことは、信義則に反するか否かの判断に当たって考慮されることになり、一般的な意味合いにおいては不意打ち的であるといえる条項が含まれていたとしても、そのことのみを理由として同項によってその効力が否定されることにはなりにくいと考えられます（Q42参照）。

　また、当然ながら、新法第548条の4の規定に基づき、定型約款準備者はその相手方との間においても定型約款の内容を変更することもできます。

Q4　例えば、契約書中に金額や期間などについて空欄の部分があり、当事者ごとに個別に数値を入れることが想定される場合には、その条項は、定型約款に含まれますか。

A　ある契約の内容とすることを目的として特定の者により準備された契約条項の総体である約款や契約書のひな形には、対価である金額や契約期間等の契約条項の一部分のみを空欄としておいて、契約の相手方ごとに個別に記載を補充することが予定されているものなどがあります^(注1)。

　このように、契約の相手方ごとに記載が補充されることが予定されている契約条項は、基本的には「その特定の者により準備された条項」には当たらないと考えられ、その取引が定型取引に該当するため、その他の条項が定型約款に該当するとしても、その記載が補充された契約条項は、定型約款には含まれないことになります^(注2)。

　他方で、記載が補充された条項以外の条項については、同一の契約書中に記載が個別に補充された条項が存在するものの、なおその取引の重要な部分が「画一的であることが合理的なもの」といえるかどうか、「不特定多数の者を相手方とする」ものであるかどうかを判断することになります。

　記載を補充することが予定された部分が料金などの対価に関する部分であることや、契約期間であることに着目すれば、その取引が定型取引に該当すると判断することには一定のハードルがありますが、他方で、料金の設定や契約期間の判断が実際上定型化されているという実情があれば^(注3)、空欄部分の補充が必要であったとしても、そのことが定型取引該当性の判断において消極的に考慮されることはないと考えられます。

　（注1）実際上、このようなケースは多数存在すると考えられますが、その理由は多様であることから、個別に検討が必要となります。例えば、マンション・アパート等の賃貸用建物の一室の賃貸借契約の契約書のひな形では、契約の始期が定まらなければ契約期間が定まらないため、契約期間が空欄にされていることがあり、賃料についても、部屋ごとに賃料が異なり得ることから、賃料部分の記載が空欄にされることがあります（なお、賃貸借契約の定型取引該当性に関しては、Q19参照）。

　また、スポーツジムなどの利用契約においては、利用可能なサービスの内容や契約期間ごとに複数のプランを設けておき、顧客がその中から任意のコースを選択し、それを契約書に明示するといったことも広く行われています。

　（注2）したがって、空欄が補充された部分の内容を変更する場合には、定型約款の変更（新法第548条の4）の規定は適用されないことになります。

　（注3）例えば、携帯電話の通信サービス契約等においては、通話料・データ通信料について定式化された複数のプラン（例えば、基本料金の異なる複数のプランが用意され、それぞれに通話料金や送受信可能なデータ量に差がつくような契約条項が定められているもの）が準備され、そのプランの中から顧客がどれか一つを選択し、契約書にその旨を補充することのみが予定されていることがあります。これは、利用者の多様なニーズに対応しながらも、契約締結コストを低減する観点から、あらかじめ複数のプランを用意しておくものであると考えられますので、全体として一つの定型取引ではあるもののプランごとに、同一プランを選択した利用者についての契約内容を画一的に定めることを目的として、複数の定型約款が準備されたものであるといえるものと考えられます。

Q5　定型取引（新法第 548 条の 2 第 1 項）の要件は、具体的には、どのようなものですか。

A

1　「定型取引」の定義

　定型約款の定義のうち、中心的な概念である「定型取引」に関しては、①ある特定の者（定型約款準備者）が不特定多数の者を相手方として行う取引であって、②その内容の全部又は一部が画一的であることがその双方にとって合理的なものをいうこととされています（新法第 548 条の 2 第 1 項柱書き）。

2　ある特定の者が不特定多数の者を相手方として行う取引

　「定型取引」の要件のうち、①「ある特定の者が不特定多数の者を相手方として行う取引」とは、ある取引主体が取引の相手方の個性を重視せずに多数の取引を行うような場面を抽出するための要件です。

　相手方の個性が重視される取引においては、相手方の事情に応じて契約締結の可否や契約内容が決定されるのですから、定型約款の規律の対象とすることで取引を円滑・迅速に行うことができるようにする必要性がそもそも乏しいと考えられます。

　そこで、このような取引を除外するためにこの要件が設けられています。

　例えば、企業が複数の労働者と締結する労働契約は、相手方の能力や人格等の個性を重視して行われる取引であるため、「不特定多数の者を相手方として行う取引」には該当しないと考えられます[注1]（Q20 参照）。

3　内容の全部又は一部が画一的であることがその双方にとって　　合理的な取引

「定型取引」の要件のうち、②「（取引の）内容の全部又は一部が画一的であることがその双方にとって合理的なもの」という要件は、特別な規定を設けて取引の安定を図るとしても、定型約款を細部までは認識していない者を拘束することが許容されるのは、定型約款を利用しようとする定型約款準備者だけでなくその相手方（顧客）にとっても取引の内容が画一的であることが合理的であると客観的に評価することができる場合[注2]に限られることから、そのことを要件とするものです[注3]。

　なお、契約条項のごく一部について画一的であることが合理的ではない部分があるからといってこれを定型取引と扱わないのは適切でありません。そのため、「全部又は一部が画一的」とされています。この趣旨に照らせば、当該取引の重要部分について強い内容の画一化の必要性が存在する場合に限って[注4]、定型取引と扱われるものと解されます。

　（注1）実際上、一定の集団に属する者との間でのみ行われる取引もありますが、そのような取引であれば直ちに「不特定多数の者を相手方として行う取引」に該当しないというものではありません。例えば、契約締結の条件が「独身」に限定されるいわゆる婚活サービスや、ある特定の団体に所属する者に対してのみ提供されるサービス契約などであっても、その条件が最低限の条件を定めるに過ぎず、その条件を満たす限り基本的には契約を締結することとしていて、その意味で、相手方の個性を重視しないで多数の顧客を相手方として取引が行われていると評価することができるのであれば、「不特定多数の者を相手方として行う取引」に該当するものといって差支えありません。

　また、現代の取引社会においては、いわゆる反社会的勢力に属する疑いがある場合や顧客に過去に何らかのトラブルがあっていわゆるブラックリストに入っている場合には、そのような者との取引をしないといった対応がされることも少なくありません。しかし、これも取引をするか否かを決定するに当たっ

ての消極的な条件を定めているにすぎませんので、このことのみで、その取引が「不特定多数の者を相手方として行う取引」に該当しないということはありません。

（注2）現代社会においては、この要件に該当する取引は日常的に多数行われているといえます。

保険契約のように、契約の性質上各保険契約者ごとにその内容を変えるわけにはいかず、そのため、画一化が要請されるもののほか、鉄道の乗車契約のように、顧客ごとに契約内容を変え得ることを前提とすると、迅速かつ安価なサービス提供に支障が生ずるなど、契約内容を画一化することで相手方も直接・間接に利益を享受していると客観的に評価することができるような取引は今後増々増えていくことが想定されます。

（注3）例えば、証券保管振替機構が運営する株式等振替制度に参加する者（口座振替機関）は、参加に当たって、証券保管振替機構の定める業務規程に従うことを誓約します（これも一種の契約であると考えられます。）。しかし、この振替制度においては、その参加資格は法律上極めて厳格なものとされています（社債、株式等の振替に関する法律参照）。したがって、このような取引は、「不特定多数の者を相手方として行う取引」に該当しないと考えられます。

（注4）例えば、契約当事者間の紛争についての裁判の合意管轄についての定めは、その内容が画一的であり、そのことには一定の合理性があるとしても、それだけではその取引の重要部分が画一的なものとはならないことから、その取引が「定型取引」に該当するとは考えられません（Q7参照）。

Q6 ある一部の契約条項について、定型約款準備者があらかじめ準備をしていた契約書とは異なる内容とする旨の合意が一部の相手方との間でされた場合には、その契約は、定型約款を利用した契約とは扱われないのですか。

A ある約款や契約書のひな形を利用して契約を締結する場合に、多くの相手方との間では、当初準備した契約条項どおりの内容で契約を締結するが、一部の相手方との間でのみ、様々な理由に基づいて、契約条項の一部について他とは異なる内容とする旨の合意がされることがあり得ます(注1)。元々準備されていた契約条項の内容を一部修正する（例えば、金銭の支給要件を緩和するなど）といったもののほか、ある条項を削除する、他にはない特別な条項を創設するといったことがあり得ます。

　このように約款等の中の契約条項の一部について異なる合意がされたとしても、当該取引の重要な部分が「画一的であることが合理的なもの」といえるかどうか(注2)、当該取引が「不特定多数の者を相手方として行う取引」であるかどうかを検討し、その取引が定型取引に該当するかどうかが判断されます（新法第548条の2第1項柱書き）。

　その際には、その条項が当該取引においてどの程度の重要性を持っているのか、そのような特別な扱いがどのような理由に基づいてどのような頻度でされているのかなどの事情を総合的に考慮することになります。

（注1）異なる内容の合意をする方法としては、契約書等そのものを直接修正する方法のほか、約款やひな形とは別に特定の当事者との間で覚書やサイドレターを締結する方法があります。なお、複数の契約書で契約が締結された場合

における定型約款該当性に関しては、Q8 の 2 参照。
　（注 2）どのような場合に「一部」が画一的であることが合理的といえるかにつき、Q7 参照。

Q7 取引の「一部」が画一的であることが合理的な場合とは、どのようなケースをいいますか。取引のごく僅かな部分について画一的であることが合理的であっても定型約款に該当することはありますか。

A　定型約款の定義に該当するには、その契約条項の総体が利用される取引の「内容の全部又は一部が画一的であることがその双方にとって合理的なもの」である必要があります（新法第548条の2第1項）。

　この要件は、そもそも、特別な規定を設けて取引の安定を図るとしても、定型約款を細部までは認識していない者を拘束することが許容されるのは、定型約款を利用しようとする定型約款準備者だけでなくその相手方（顧客）にとっても取引の内容が画一的であることが合理的であると客観的に評価することができる場合に限られることを表すものですが、このうち、「全部又は一部が画一的」とされているのは、契約条項のごく一部が画一的なものでないからといってこれを定型取引と扱わないのは適切でないと考えられるためです。

　この趣旨に照らせば、その取引の「一部が画一的であることがその双方にとって合理的なもの」であるとして定型取引に該当するとされるものは、飽くまでも、当該取引の重要部分のほとんどについて強い内容画一化の要請が存在する場合に限られるものと考えられます。

　例えば、携帯電話の通信サービス契約において、利用者が個別に料金プランを選択して契約を締結することがありますが、そうではあっても、この場合における携帯電話の通信契約は、取引の内容の一部が画一的であることが当事者双方にとって合理的であるといえ、定型取引に該当すると考えられます（Q4参照）。

　他方で、ある取引における契約書中の裁判の合意管轄や準拠法の定めについては画一的であることは合理的であるといえるが、その他の取引の主要部分の内容は画一的であることが当事者双方にとって合理的であるとはいえない場合には、取引の「一部が画一的であることがその双方にとって合理的なもの」であるとはいえないため、その取引は定型取引には当たらないことになります。

Q8　「契約の内容とすることを目的として……準備された条項の総体」とはどのようなものをいいますか。一つの取引をするに当たって複数の契約書が使用される場合には、どのように判断されるのですか。

A　**1　当事者の一方が準備した契約条項の総体**

　定型約款の定義のうち、「契約の内容とすることを目的として……準備された条項の総体」という要件は、当事者の一方が契約内容を補充する目的（顧客は具体的には認識をしない可能性を想定しながらも、事業者が契約の細部を定めておくという目的）で、事前に作成していた定型的な契約条項を対象とすることを示すものです。

　「契約の内容とすることを目的として」準備されるものですから、そもそも、契約として評価することができるものであることが必要です。事業者が顧客に対して無償で提供する付帯サービスの中には、顧客の一般的な満足度を上げ、企業イメージを向上させるための単なる顧客サービスに過ぎず、顧客に法的な権利を与えるものではないと評価することができるものもあります。そのような付帯サービスの提供については契約がされたとはいえませんので、これにまつわる規定や規約などは定型約款には該当しません。

　また、「条項の総体」という表現から明らかなように、当該取引における中心的な条項のほかに複数の契約条項が存在することが前提であり、飲食店のメニューやサービスの料金表など目的物と代金額があらかじめ準備されていても、それだけで定型約款が準備されていたとはいえないものと考えられます。さらに、契約に際してある特定の相手方との関係で特別な条項が設けられた場合には、その条項は事前に準備された定型的な条項ではないため、この「条項の総体」には含まれず、定型約款としては扱われません。

2　一つの取引をするに当たって複数の契約書が使用される場合の考え方

一つの取引をするに当たって、しばしば複数の契約書が使用されることがあります。また、基本となる契約書は一つであるものの、これに幾つかのオプションとなる特約を付す形式とされていて、結局、複数の契約書が利用されるといったこともあります。

これらの場合には、契約書が複数に分かれているかといった外形ではなく、その取引全体が定型取引に該当するのかが判断され、定型取引に該当する場合には、その個々の契約書が事前に準備されたものであれば、いずれも「定型約款」に該当するものと扱われることになります。

3　具体的な判断例

例えば、ある取引において、一切内容を変更しない部分のみで構成された本体的な契約書と、相手方ごとに個別に内容を変更・追加・削除することを前提とした部分で構成された附属書とを利用して、契約を締結することがあり得ます。

このようなケースについては、まず、附属書によって相手方ごとに個別に契約内容を異にし得る取引であることを前提にしつつも、果たしてその取引の重要部分が画一的であることが合理的なものといえるか、不特定多数の者を相手方とするものであるかといった定型取引の要件該当性を判断します。個別に契約内容が異になる部分があるとしても、そのことで直ちに定型取引に該当しないとされるものではなく、取引の内容の「一部が画一的であることが合理的」といえる限りは、その取引は定型取引に該当し得ることに注意が必要です（Q5の3、Q7参照）。

そして、その取引が定型取引に該当する場合には、本体的な契約書の部分は全体として定型約款に該当することになります。他方で、

附属書において、個別に異なる内容の合意をした条項は、「（定型約款準備者）により準備された条項の総体」には該当しないため、定型約款に含まれないことになります[注]。

[注]　相手方ごとに採用されるか否かが分かれる特約的な条項については、それが定型約款準備者において事前に準備がされていて、相手方としてはそれを採用するかどうかの選択の余地しかないといったことも少なくないと考えられます。このような契約条項については、「（定型約款準備者）により準備された条項」ですので、「定型約款」に含まれることになります。

> **Q9**　代金や商品の品質・数量を定めた条項についても、定型約款に該当しますか。

1　代金や商品の品質・数量を定めた条項の位置づけについての考え方

　売買契約における代金を定めた条項や商品の品質・数量を定めた条項、あるいは、サービス契約における提供サービスの内容を定めた条項のように、契約の主たる給付（給付とは、契約に基づいて債務者が債権者に対してなすべき行為のことです。）の内容を定める条項（中心部分に関する契約条項、「中心条項」といわれることがあります。）を約款としての規律の対象に含めるべきかどうかについては、これを否定的に考える見解もありました。

　契約の中心となる部分は、実質的な情報の開示を前提として、当事者がその内容を認識した上で合意がされるべきであり、約款のルールによって内容の認識がないままに契約を成立させるべきでないとの理由等に基づくものです。

　しかし、新法における定型約款の定義においては、代金や商品の品質・数量を定めた条項についても定型約款の定義から除外することとはされていませんので、中心条項に該当するか否かといった議論をする必要はありません。

　これは、代金や商品の品質・数量を定めた条項など契約の中心部分といっても、現代における多様な取引を想定すると、例えば、サービスの内容自体であってもそれほど重要性が高くないものがあることや、たとえ料金であっても金額によっては具体的な認識が乏しいまま契約に至るケースもあることから、その判断が容易ではないと考えられたためです。

　また、仮にこのような中心的な条項については定型約款の変更を許さないこととした場合には、顧客にとって有利なサービス内容の

変更や、陳腐化したサービスの削減などで、顧客へ与える影響は少ないものの事業者にとっては今後のサービス向上のためにも必要であるといったケースにおいても、一切、定型約款の変更の規律によることが許されないという弊害があるからです。

2　代金や商品の品質・数量を定めた条項が定型約款に該当することによる帰結

したがって、代金や商品の品質・数量を定めた条項などについても、定型約款の変更の規定によって、定型約款準備者が相手方の同意を得ることなく変更することは可能であるということになります。

もっとも、これらの条項が変更されることによって相手方に与える不利益が大きい場合には、そのことがその変更の必要性や変更後の内容の相当性において特に重要な要素として考慮されることになりますから、これを相手方（顧客）に不利な方向に変更するハードルは極めて高いといえます[注]。

（注）なお、定型約款中の代金や商品の品質・数量を定めた条項等と新法第548条の2第2項の規定の適用関係については、Q41参照。

Q10 定型約款中に「当社所定の規定（規程）に従う」等の条項がある場合における「規定（規程）」は定型約款に該当しますか。

A　1　「当社所定の規定」等の定型約款該当性の問題の所在

実務上、各種の契約書において、契約当事者である事業者が作成した内部の基準を「当社所定の規定（規程）」などとして引用したり、業界団体等の第三者が定めた「基準」等の別の文書を引用することがしばしば行われます^(注1)。

この場合に、これらの引用された別の文書の記載内容（以下、「被引用条項」といいます。）が法的にどのように扱われるのか（両当事者の合意の内容と呼べるか、定型約款に該当するのか）ということが問題となり得ます。

もし、被引用条項中の個別の条項の内容自体を両当事者で合意したものとみることができないのであれば（飽くまでも第三者が定めた「基準」に従うことだけを抽象的に合意したものと考える。）、被引用条項を定型約款と扱うかどうかを検討する必要自体がないでしょう。

これに対し、被引用条項中の個別の条項の内容自体を合意したとみる（他の文書を引用した形式にはしているものの、その内容をそのまま契約書に記載しているのと特に変わりはないと考える。）場合には、それが定型約款に該当するのかが問題となります^(注2)。

それは、①被引用条項の内容について、不当条項規制（新法第548条の2第2項）が適用されるか、②定型約款の内容の表示の請求（新法第548条の3）がされた場合に、被引用条項についても表示しなければならないか、③被引用条項の内容が変更された場合に、その変更後の内容で定型約款による契約の相手方を拘束するためには、定型約款の変更（新法第548条の4）の要件を充足する必要があるかといった問題に関わります^(注3)。

2　第三者作成文書の定型約款該当性

(1)　まず、業界団体等の第三者が作成した基準を遵守する旨の契約条項が定型約款中に設けられていた場合のように、被引用条項の作成主体が第三者であり、かつ、その内容が個別具体的で、被引用条項中の個別の条項を遵守させることに強い意味が認められ、不遵守に当たって強制執行によって履行を強制することも想定されているというケースについては、当事者の意思を合理的に解釈すれば、その記載内容は契約内容（合意の内容）となることが想定されていると考えられます。そうすると、被引用条項も定型約款と扱われ、不当条項規制の適用を受けますし、定型約款の内容の表示の請求を受けた場合には、被引用条項の内容についても表示をする必要があります。

　もっとも、被引用条項の内容が第三者によって変更された場合に、その変更後の被引用条項の内容は、当然に定型約款による契約の相手方を拘束することになり、新法第548条の4の要件を充足する必要はないと考えられます。この場合は、定型約款準備者が契約内容を一方的に変更するものではないため、当事者の一方が一方的に契約内容を変更する要件を定める同条が適用される場合ではなく、変更後の第三者作成文書の内容に従うという契約当事者の意思を尊重すべきであると考えられるからです(注4)。なお、このような条項が不当な条項として合意があったものとみなされない可能性はあります。

(2)　これに対し、被引用条項を遵守するといっても、例えば、「オリンピック憲章を遵守する。」とか「ISO9001号の基準を遵守する。」などという条項もあり得ます。このような条項が設けられる事例においては、被引用条項であるオリンピック憲章の個々の条項の履行義務を具体的に負わせるというよりも、その違反があった場合には、契約を解除し、あるいは、取引関係を打ち切るといったことが想定

されることが多いものと考えられます。このようなケースについて
は、被引用条項の個別の条項の内容自体について合意されたとはい
うことができず、飽くまでも被引用条項に従うという義務が抽象的
に合意されたにすぎないということができます。そうすると、被引
用条項は契約の内容とすることを目的として準備されたものではな
いため、定型約款とは扱われないことになります。なお、このよう
なケースにおいては、通常、その時々における被引用条項の内容を
遵守することを約束していることから、被引用条項の内容に第三者
が変更を加えたという場合には、当然に変更後の内容に従うことに
なります（もちろん、当事者の合意によって契約締結時の被引用条項の
内容を遵守する義務を負わせることも可能ではあります。）。

3　定型約款準備者作成文書の定型約款該当性

　次に、例えば、「本サービスの利用に当たっては、当社が別途定め
る料金表に従って料金をお支払いいただきます」として、被引用条
項を引用する契約条項（以下、「引用条項」といいます。）のように、定
型約款準備者が作成した文書が引用されることも多く行われていま
す。このような条項については、被引用条項を含めて合意の内容で
あると理解することで、相手方（顧客）に債務を負担させる趣旨のも
のといえますので、被引用条項は契約の内容とすることを目的とし
て準備されており、これは定型約款と扱われます。したがって、被
引用条項についても不当条項規制の適用を受けますし、定型約款の
表示の請求を受けた場合には、定型約款準備者作成文書についても
あわせて表示をする必要があります。さらに被引用条項の内容が変
更された場合には、定型約款の変更の要件を充足しなければ、その
変更後の内容では相手方を拘束しないことになります^{(注5)(注6)(注7)(注8)}。

　なお、定型約款準備者が作成した文書についても、第三者が作成
した場合と同様に、被引用条項の個別の条項の内容自体が合意され

たとはいうことができないケース（例えば、「当社のセキュリティポリシーに従って……を運用します。」とする条項）があることも想定されますが、その場合の考え方は2⑵と同様であると考えられます[注9]。

　（注1）このような条項には、頻繁に変更が予定される場合に都度約款を改定することを避けることを目的とするものや、他の約款と共通して適用される内容を定める文書を作成して引用するものなどがあります。また、条項といっても、それ自体が文章によって構成されるものばかりではなく、例えば、一定の数字（「全銀協 TIBOR」など）を引用したり、表形式のものを引用したりすることがあります。

　（注2）被引用条項中の個別の条項の内容自体を両当事者で合意したとみることができるか否かは、合意の解釈の問題であり、様々な事情を総合考慮することになりますが、その際には、被引用条項をどのような趣旨で引用したかについての当事者の意思が尊重されるべきであり、被引用条項の記載内容そのものについて直接にその履行を義務付けることが想定されているか（その履行の強制を裁判所に求めることができるのかどうか）、定型約款準備者の作成した被引用条項に関しては定型約款の変更の規律に従わなければならないことが想定されているかなどを主として考慮することになるものと思われます。

　（注3）被引用条項も別の文書として存在していることからすると、新法第548条の2第1項に基づき、当事者間において、被引用条項の内容を契約の内容とすることについて、「合意」がされているか、又はその旨が「表示」されていることが必要になります。もっとも、この「合意」においては厳格な特定は求められませんので、被引用条項を対象として明示する必要はありません（Q24 参照）。また、「表示」による場合においても、引用条項を含む定型約款について表示がされているのであれば、これに加えて、被引用条項を含む文書についても表示が必要と解する必要はないものと考えられます（Q25 の（注3）参照）。

　（注4）もっとも、被引用条項を定型約款準備者の完全親会社や完全子会社が作成している場合のように条項の作成において定型約款準備者の意向が強く働き得るような場合には、定型約款準備者自身が作成したものと評価すべきであると考えられます。

　（注5）「当社所定の手数料をお支払いいただきます」とのみ記載して、他の文書を引用せず、定型約款準備者が別途一方的にその内容を定めるという取扱いがされることがありますが、これは文書の形式では作成されていないだけであり、仮に「所定の手数料」が変更されたという場合には、料金表の変更があった

場合と同様に理解するのが適切であると考えられます。

　(注6)　住宅ローン契約において変動金利を選択すると、各金融機関が独自に設定する短期プライムレートに連動して金利が変動する旨の条項が設けられることがあります（住宅ローン取引の契約書の定型約款該当性はQ16参照）。この場合における住宅ローン契約の金利の取扱いは、（注5）に記載したように、定型約款準備者の作成した被引用条項と同様であると考えられますので、短期プライムレートの変更に応じて住宅ローン契約の金利を変動させることは契約の変更に当たり、定型約款準備者である銀行が一方的に行うのであれば、定型約款の変更の手続による必要があります。もっとも、この場合には、短期プライムレートの変更に応じて金利の変更が行われること自体が定型約款中に定められ、加えて、これを顧客は通常認識しているものであり、かつ、短期プライムレートは市中金利の変動に連動して変更するものであるため、変更の合理性が認められやすいと考えられます（Q61参照）。

　(注7)　例えば、「当社所定の手数料をお支払いいただきます」との契約条項が定型約款中に含まれていた場合において、契約締結時には手数料が定まっていなかったときには、手数料が実際に定まっていない時点で定型約款の内容の表示が請求されたとしても、その内容を開示しないことが義務違反となることはありません。もっとも、事後、具体的な手数料額を定める場合には、定型約款の変更による必要がありますので、その要件を具備し、かつ、これを周知することが必要になります（新法第548条の4）。

　(注8)　約款中に、ある特定の法律を引用した上で、その法律の内容を遵守する義務を一方当事者に課す条項を設けることがあります。この場合には、引用された法律が定型約款に該当しないことは当然ですし、法律が改正された場合には、定型約款の変更の要件充足の有無の判断を経ることなく、当事者は、改正後の法律の内容を遵守する義務を負うことになると解されます。

　(注9)　定型約款準備者が作成した被引用条項は常に定型約款には該当せず、引用条項自体が不当条項に該当するか否かを判断すればよいと解することは困難です。そもそも、定型約款の概念自体が複数の文書の集合体を許容する考え方であるところ、被引用条項を当然に別扱いすることは概念として矛盾を生じます。また、被引用条項が定型約款の内容の表示の対象とならないため、定型約款準備者が不都合な内容を他の文書に記載することによって相手方が契約内容を知る機会が不当に奪われる、被引用条項の変更をすることで、定型約款の変更のルールを潜脱するといった不当な事態が生ずる懸念もあります。

Q11
業界団体が作成した約款や市販の契約書のひな形のように取引当事者以外の者が作成した契約書を利用して取引をした場合に、当該約款等は定型約款に該当しますか。

A
1　第三者が作成した契約書のひな形等

　ある取引において利用される契約書は、当事者の一方があらかじめ検討を加えて作成し、準備していたものばかりでなく、国や業界団体等がある特定の取引の契約書のひな形を作成し、これを「モデル○○契約書」などとして公表しているものもあります。このほか、市販の契約書のひな形を利用して契約の締結に至ることもあります。

2　定型約款該当性

　定型約款は、一方当事者が、自らその内容を検討して作成したもののみを指すのではなく、第三者がその内容を検討して作成したものであっても、これに該当することがあります。法律の文言上「特定の者により準備された条項の総体」とされていて、「作成された」とされていないのはその趣旨です（新法第548条の2第1項柱書き）。

　したがって、上記のような契約書のひな形が契約書として利用された場合について、一律にその定型約款該当性が否定されることはありません。

Q12　事業者間取引において用いられている契約書のひな形は定型約款に該当しますか。

A　**1　事業者間取引の契約書のひな形**

　事業者間で行われる事業上の取引（BtoB取引）では、当事者の一方が準備した契約書のひな形を利用して契約が締結されることが多くあります。事業者としては、事前に十分に内容を吟味したひな形を利用することによって、契約書の作成に要する時間や費用を削減することができるからです。

2　定型約款該当性

　もっとも、一般に、このような事業者間取引においては、一方当事者が準備していた契約書のひな形どおりの内容で契約をするかどうかは最終的には当事者間の交渉経過や力関係によって決まるものです。他方の当事者からも他の契約書案が提示され、そのいずれを採用するかも含めて交渉が行われることも少なくありません。

　これは、当事者の一方にとっては契約書のひな形により取引の内容を画一化することが合理的であるとしても、他方の当事者にとっては必ずしもそのようにはいえないことを如実に示しているものといえます[注1]。

　そうすると、事業者間取引において、一方当事者の準備していた契約書のひな形どおりに契約が締結されることが実際に多く、取引の内容が概ね画一的であったとしても、このことをもって、取引の「内容の全部又は一部が画一的であることがその双方にとって合理的なもの」（新法第548条の2第1項柱書き）とまではいえないということになります。

　したがって、事業者間取引において用いられる契約書のひな形が定型約款の要件に該当することは基本的にはないものと考えられま

す^(注2)。

　（注 1）　例えば、ある事業者が、現に、全ての取引先との間で、契約書のひな形
どおりに契約を締結していたとしても、当事者間に交渉力の格差があったこと
がその理由であれば、相手方にとっても画一的であることが合理的であるとい
えないことは明らかです。なお、オンラインプラットフォーム事業者の提供す
るウェブサイト利用契約に係る定型約款該当性について、東京地判令和 4 年 6
月 7 日（LEX/DB 文献番号 25606406）参照（結論消極）。
　（注 2）　もっとも、預金規定やコンピュータソフトウェアのライセンス規約の
ように、取引の相手方が法人であるか個人であるかを問わず、同一の内容の契
約条項によって契約が締結されるものもあります。この種の取引については、
同一の内容の契約条項を利用することで取引コストを大幅に低減しており、事
業者との間で行われるものも含めて、画一的であることが双方にとって合理的
な取引（定型取引）であるといえることが多いと考えられます（Q13 参照）。

Q13 事業者間取引において用いられる契約書でも、定型約款に該当するとされるのは、どのようなケースですか。

A
1 事業者間取引において用いられる契約書のひな形が定型約款に該当しない理由

　事業者間で行われる事業上の取引（B to B 取引）では、当事者の一方が準備した契約書のひな形を利用して契約が締結されることが多いですが、その場合に利用されるひな形は取引の「内容の全部又は一部が画一的であることがその双方にとって合理的なもの」（新法第548条の2第1項柱書き）とはいえず、定型約款の要件に該当することはないのが基本であると考えられます（Q12参照）。

　これは、事業者間取引においては、ひな形が契約のたたき台として提示され、そのとおりの内容で契約をするかどうかは最終的には当事者間の交渉によって決まるものであり、ある事業者が、全ての取引先との間で、ひな形どおりの契約を締結しているということがあったとしても、それは実際上当事者間に交渉力の格差があったにすぎないことが多いからです。

2 事業者間取引において用いられる契約書が定型約款に該当する場合の具体例

　(1)　他方で、事業者間取引において用いられる契約書でも、定型約款に該当するものはあると考えられます。

　例えば、預金取引において用いられる「預金規定」は、契約の相手方が事業者であるかそれ以外であるかを問わず、不特定多数の者を相手として行う預金取引を迅速かつ円滑に行うために、その内容が画一化されていることが合理的であるといえますから、事業者が相手方となる場合であったとしても、定型約款に該当すると考えら

れます（Q14 参照）。

　また、企業がコンピュータソフトウェアを購入すると、ソフトウェア会社との間でライセンス契約を締結することになります。このライセンス規約中には、使用が許諾される範囲や責任の制限などが定められていますが、これも、契約の相手方が事業者であるかそれ以外であるかを問わず、不特定多数の者を相手として、迅速かつ安価に取引を行うことができるように内容が画一化されていることが当事者双方にとって合理的であるといえますので、事業者が相手方であったとしても、定型約款に該当すると考えられます[注1]。

　これらのように、取引の相手方が法人であるか個人であるかを問わずに利用され、同一の内容の契約条項によって契約が締結されるものについては、事業者を相手方とする取引を含めて、画一的であることが双方にとって合理的な取引（定型取引）であるといえることが多いと考えられます。

　(2)　このほか、事業者との間での取引にのみ利用される契約書であっても、極めて例外的に定型約款に該当することはあります。例えば、法人向けに発行されるクレジットカードの利用規約においては、カード会社が準備した利用規約を利用するのが一般的ですが、取引の内容が画一的となることによって多数の顧客についてのカード会社の管理が容易になるからこそ、顧客は極めて低廉な対価で手厚いサービスを受けることができ、このような構造は個人向けのクレジットカード取引と異なるところはないと考えられます。

　すなわち、画一的に扱われるという一種のデメリットがあるものの、取引全体を経済的な観点からみたときには顧客にとって費用の低減や時間や手間の削減などのメリットとして還元されており、このメリットを重視して取引を行うことが取引の内容（サービスや対価の額の多寡など）や取引上の社会通念に照らして当然であるとい

える関係にあることが明確であるといえます。そうすると、法人向
けのクレジットカード取引も、取引の内容が画一的であることが当
事者双方にとって合理的であるといえるため、その利用規約は、定
型約款に該当すると考えられます^(注2)。

　（注1）このほか、インターネットサイト上のオークション利用規約（サイト
の利用方法の詳細やサイト運営者の責任制限が定められています。）も、コン
ピュータソフトウェアのライセンス規約と同様に、非対面で不特定多数の者を
相手に行われる取引を迅速かつ安価に行うことができるように、相手方が事業
者であるか否かにかかわらず、内容を画一化していることが合理的であるとい
えますので、事業者が相手方であったとしても、定型約款に該当すると考えら
れます。
　（注2）このほか、法人向けの損害保険契約の中には、取引の内容が画一的で
あることが当事者双方にとって合理的であるといえるため、その損害保険約款
が定型約款に該当するものがあります（Q17 参照）。

> **Q14**　銀行との預金取引で用いられる預金規定が定型約款に該当するのはなぜですか。当座預金についての当座勘定規定は定型約款に該当しますか。

A　**1　預金規定の定型約款該当性**

　銀行預金取引においては、銀行が準備した預金規定によって契約内容が画一的に定められるのが一般的です。預金規定には、預金の払戻しの要件、利息の計算方法、預金債権の譲渡禁止等が定められているのが通常です。

　預金取引においては、反社会的勢力に該当する者との間で契約を締結しないといった条項があることを除けば、契約締結の可否やその条件について顧客によって違いが生ずることは想定されないため、不特定多数の者を相手方とする取引に当たると考えられます。また、預金規定においては、多数の預金者との間の契約内容を画一化することによって円滑迅速な預入れ・払戻しを実現することが可能となっており、また、預入れ・払戻しのためのコストを低減することができるという利益を預金者も享受しているということができます。

　そのため、預金取引は、定型取引の要件を充足するため、預金規定が定型約款に該当すると考えられます。

2　当座勘定規定の定型約款該当性

　当座預金は、手形や小切手に対する支払に使われる預金であり、基本的に預金者は企業や個人事業主であるため、その当座勘定規定は事業者間取引において利用されるものです。しかし、画一化のメリットが銀行と顧客の双方に生ずるという利益状況は、当座預金の当座勘定規定についても普通預金や定期預金の預金規定と同様であると考えられますので、定型約款に該当すると考えられます。

Q15　銀行取引約定書は、定型約款に該当しますか。

A　銀行取引においては、銀行が取引先との間で与信取引を行う際に、取引先との間で具体的な融資取引が行われた場合に適用される基本ルールを定めることを目的として、銀行取引約定書が締結されることが一般的です^(注)。銀行取引約定書においては、顧客との取引において共通して適用されるルールとして、期限の利益喪失事由、相殺方法、銀行による充当の指定に関する規定等が設けられているのが通常です。

　銀行取引はいわゆるBtoB取引に該当し、取引の内容の全部又は一部が画一的であることが双方にとって合理的とは直ちにはいいにくい類型の取引ということになります。

　そして、銀行取引約定書をめぐる取引実態について、顧客の要望に応じて期限の利益喪失事由等の主要な条項についても個別に修正することがあるとの理解を前提とすれば、銀行取引約定書は、取引の内容の全部又は一部が画一的であることが双方にとって合理的な取引において準備された契約条項であるとはいいがたいため、銀行取引約定書は、定型約款に該当しないことになります。

　これに対して、顧客の要望に応じて実際に銀行取引約定書の条項を修正することは極めて稀であるとの実態認識から定型約款に該当するとの見解もあります。確かに、銀行取引約定書は、各銀行が極めて多数の顧客と締結するものであり、銀行が当事者となる各種の取引に共通して適用される重要な通則的ルールを定めるものですので、その修正による銀行の管理の負担も小さくないと考えられます。したがって、銀行の管理負担の軽減が顧客にとってもメリットとして還元されているといえるとすれば（Q13の2⑵参照）、取引の内容の全部又は一部が画一的であることが双方にとって合理的であると

解することも可能でしょう。

　（注）銀行取引約定書は、本文記載のとおり、銀行が当事者となる融資契約、手形取引やデリバティブ取引などに共通して適用される基本的なルール（通則）を定めるものであり、銀行取引約定書のみに基づいて具体的な取引が行われることは想定されていませんが、銀行取引約定書自体の変更の可否が議論されることがあるなどするため、それ自体についての定型約款該当性を検討する意味があると考えられます。

Q16　住宅ローン取引の契約書のひな形は、定型約款に該当しますか。

A　金融機関との間の住宅ローン取引においては、金融機関側が事前に作成した契約書のひな形を利用して契約を締結することが一般的です。

　住宅ローン取引においては、貸付額が個別の顧客の収入や購入対象の不動産の価値によって異なりますが、その判断が相手方の資質等の個性に着目して行われるわけではなく、一定のモデルに従って機械的に行われているという取引実態にあるといえます。このことを前提とすれば、住宅ローン取引は、不特定多数の者を相手方として行う取引に該当すると考えられます。

　また、利率について顧客のニーズや借入期間に応じて様々なプランが準備されていますが[注1]、金融機関としては、同一のプランを選択した顧客間で契約内容を画一的に取り扱うことを目的とするものであり、その画一的な契約管理によって、利率や手数料等の取引コストが低減する等の利益を顧客が享受している場合には、取引の内容の全部又は一部が画一的であることが当事者双方にとって合理的なものであるといえます。

　したがって、以上のような取引実態を前提とすれば、住宅ローン取引の契約書のひな形は定型約款に該当すると考えられます[注2]。

　（注1）融資金額や利率が顧客ごとに異なっていても、定型取引該当性が否定されないことについては、Q4参照。

　（注2）金融機関の法人に対する融資取引に係る契約書の定型約款該当性について、東京地判令和4年4月12日（Westlaw Japan 文献番号 2022WLJPCA04128014）参照（結論消極）。

Q17　生命保険取引や損害保険取引における保険約款は、定型約款に該当しますか。

A　1　保険約款の定型約款該当性

　生命保険取引や損害保険取引では、保険会社が事前に作成した保険約款によって契約内容が画一的に定められるのが一般的です。

　保険取引は、基本的には、相手方の個性に着目することなく[注1]、契約締結の可否やその条件を決するものであるため、不特定多数の者を相手方として行う取引であるといえます。また、大数の法則や収支相等の原則に基づいて成り立っており、その主要な契約内容が画一的でなければ商品として成立しないという性質を有しているため、取引内容の全部又は一部が画一的であることが当事者双方にとって合理的なものであるといえます。

　以上の理解を前提とすると、保険約款は、定型約款に該当すると考えられます[注2]。

2　特殊な保険商品における保険約款の定型約款該当性

(1)　団体生命保険

　団体の所属員に対する福利厚生制度の裏付けとして契約される団体生命保険においても保険約款が用いられています。団体生命保険においては、契約当事者は企業等の団体であり、被保険者が当該契約当事者である団体の構成員（従業員等）とされます。そのため、その保険約款は、事業者間取引において利用される契約書ですが、この取引においても相手方（各団体）の個性に着目することなく契約締結の可否及び条件を決しているのが一般的であると考えられますので、不特定多数の者を相手方として行う取引に該当します。また、団体生命保険の場合にも、個人を相手方とする生命保険と同様に各

保険契約ごとにリスクが均質になっていることが要請されるため、団体生命保険の取引の内容の全部又は一部が画一的であることは、当事者双方にとって合理的なものであると考えられます。

　したがって、団体生命保険取引も定型取引に該当し、その保険約款は定型約款に該当すると考えられます^(注3)。

(2)　損害保険

　損害保険取引においては、会社役員賠償責任保険（いわゆる D&O 保険）などの法人の顧客のみを対象とした保険商品があります。このような保険商品における保険約款の定型約款該当性が問題となり得ますが、このような保険約款が使用される保険取引にも、多くの場合、上記(1)の理由が当てはまり、その保険約款も定型約款に該当すると考えられます^(注4)。

3　代理店業務の委託契約書のひな形の定型約款該当性

　生命保険取引や損害保険取引は、代理店を通じて顧客との間で保険契約が締結されることが多く、保険会社と代理店との間では代理店契約が締結されています。

　この代理店業務の委託契約に係る取引は、B to B 取引ですから、たとえ、委託元の保険会社の交渉力が強く、結果的に契約内容が画一的なことが多いとしても、定型約款には該当しないと考えられます（Q12 参照）。

（注1）例えば、生命保険取引においては、顧客の病歴等によって、契約締結の可否や特別保険料等の条件付とするか否かが決まりますが、その判断は一定の基準に従って機械的に行われるものであるため、個性に着目して行われる取引ではなく、不特定多数の者を相手方として行う取引に該当すると考えられます。同様に、損害保険取引においても、自動車保険であれば、契約者の年齢や事

故歴を踏まえて保険内容等が決められますが、これも判断が画一的に行われるものですから、個性に着目して行われる取引ではなく、不特定多数の者を相手方として行う取引に該当すると考えられます。

　（注2）なお、保険会社は、保険取引に付随して、様々な付帯サービスを無償で提供し、これらのサービスに関連する規約・規則等を作成することがあります。これらのサービスの提供が契約に基づくものといえるかが問題となりますが（Q8参照）、これは、個々の取決めの内容により結論が異なる事実認定上の問題といえます。定型約款中で明瞭に契約に基づかないものと位置付けられていない限りは、これらのサービスも契約であり、そのサービスの内容を定める規約・規則等も定型約款に該当するものと扱われると考えられます。他方で、定型約款中の文言において「これは契約ではなく、いつでも打ち切ることがあります。」などとされていたとしても、顧客側がどのように認識をしていたか、当該取引における問題となるサービスの位置付けなどが総合的に考慮されて、契約に基づくものか否かが判断されます。

　（注3）なお、団体生命保険取引においては、保険約款とは別に協定書を締結し、①保険約款から協議により定めるよう委譲された事項と、②保険約款に規定があり、さらに協定書で同趣旨のことを当事者間で再確認する事項を規定していることが多いと思われます。①については、個別交渉を経てその内容が定まるものであるため、「契約の内容とすることを目的としてその者により準備された」ものであるとはいえず、②については、保険約款で定めた内容を注意的に再言する説明文言に過ぎないため、新たに協定書によって合意がされたという必要はないものと考えられます。したがって、協定書は、全体として、定型約款に該当しないものと考えられます。

　（注4）法人向けの保険商品の中には、法人の事業活動に関わる賠償リスクを包括的にカバーする総合賠償責任保険のようなオーダーメード型の保険商品もあります。この種の契約は、顧客に応じて契約内容が大きく変えられるという特質やその実態に照らし、例外的に、定型約款には該当しないものと考えられます。

Q18　ISDA マスターアグリーメントは、定型約款に該当しますか。

A　ISDA マスターアグリーメントとは、国際スワップ・デリバティブ協会（ISDA）が作成・公表した契約書のひな形であり、当事者間で行われるデリバティブ取引についての標準的な基本条件を定める目的で作成されたものです。ISDA マスターアグリーメントは、契約本体部分は不動文字で作成されていますが、別紙であるスケジュール（Schedule）において個別の取決めをすることが一般的であり、スケジュールによって期限の利益喪失事由や解約事由等の主要部分を修正することもあるものです。

　このように、ISDA マスターアグリーメントの本体部分は不動文字で、この部分については直接修正しないことが前提ではありますが、スケジュールによって修正をすることが想定されていますので、全体としてみれば、実質的には、契約書のたたき台を提示するものにすぎず、取引の内容の全部又は一部が画一的であることが当事者双方にとって合理的であるものとはいえないものと考えられます。

　したがって、ISDA マスターアグリーメントを利用したデリバティブ取引は、定型取引に該当せず、ISDA マスターアグリーメント及びこれに付随するスケジュールは、その全体が定型約款に該当しないと考えられます。

Q19　マンション・アパート等の賃貸用建物の一室の賃貸借契約の契約書のひな形は、定型約款に該当しますか。

A

1　賃貸用建物の一室の賃貸借契約の契約書のひな形が定型約款に当たらない場合

一口に賃貸用建物の一室の賃貸借契約といっても、様々な形態のものがありますが、個人が自己の所有するマンション居室を第三者に賃貸するといった場合には、仮に市販のひな形などを参照して契約書を作成したとしても、それは契約書の作成を簡単に行いたいというだけであって、双方にとって取引内容が画一的である必要性は存しません（そもそも他にマンション居室を有していなければ、画一的であるべき複数の取引を想定することも困難です。）。

このような事情は、自己の所有する土地上に比較的小規模な賃貸用の建物を建設し、その居室ごとの賃貸借契約を同一の契約書に基づいて締結しようとする場合でも、基本的に同様であり、取引内容が画一的である必要性は高くないと考えられます[注]。

したがって、賃貸用建物の一室の賃貸借契約は、一般に、定型取引に当たらず、仮に事前に賃貸借契約書が準備されていたとしても、それは定型約款には該当しないと考えられます。

2　賃貸用建物の一室の賃貸借契約の契約書のひな形が定型約款に当たる場合

他方で、複数の大規模な居住用建物を建設した大手の不動産会社が、特定の契約書のひな形を使って、多数に上る各居室の賃貸借契約を締結しているといった事情がある場合には、契約内容を画一的なものとすることにより、各種管理コストが低減し、入居者としても契約内容が画一的であることから様々な利益を享受することがあ

り得るでしょう。そのような事情が個別的に認められる場合には、
例外的に、その賃貸借契約書のひな形が定型約款に該当することが
あり得ると考えられます。

　（注）なお、実際には、ある家主がその賃貸物件のすべての賃借人との間で、
　契約書のひな形どおりに契約をしているということがあり得ます。しかし、こ
　れは結果的に取引の内容が画一的であったというだけであり、相手方にとって
　も画一的であることが合理的であることが導かれるわけではありません。した
　がって、そのようなひな形が直ちに「定型約款」に該当することにはなりませ
　ん。

Q20 労働契約の契約書のひな形は、定型約款に該当しますか。

A 　1　問題の所在

　労働契約は、使用者側が準備した契約書のひな形を利用して締結されることが少なくありませんが、これは、使用者としては、契約書のひな形や就業規則によって契約内容を画一化することが、人事管理等の面で便宜であるからです。そのため、このようなひな形等が定型約款に該当するか否かが問題となり得ます。

2　労働契約の契約書のひな形の定型約款該当性

　労働契約を締結するかどうかは、一般に、相手方の能力・人格等の個性に着目して判断されるものであるので、機械的に一定の基準に従ってその成否を決定するといったものではありませんから、不特定多数の者を相手方として行う取引には当たらないと考えられます。

　また、定型取引の要件のうち、その内容の全部又は一部が画一的であることがその双方にとって合理的なものという要件は、取引の安定を図るために定型約款を細部までは読んでいない相手方の顧客を拘束することが許容されるのは、相手方である顧客にとっても取引の内容が画一であることが合理的であると評価することができる場合に限られることから設けられたものです。しかし、労働契約は、労働者側からすれば、その内容が画一的であることによって特段の利益を享受する関係にはなく、労働者にとっては、契約内容が画一的であることが合理的であるとはいえないので、この要件も充足しないと考えられます。

　したがって、労働契約の契約書のひな形等は、定型約款には該当しないものと考えられます[注]。

（注）経済界や労働界の代表などが参画した民法（債権関係）部会の審議の過程においても、その旨が繰り返し確認されています。

Q21 従来当事者間で「約款」と呼ばれていたが新法の「定型約款」の定義に含まれないこととされたものについては、どのようなルールが適用されますか。

A　**1　定型約款の定義**

　新法においては、取引の安定を図る観点から、①ある特定の者が不特定多数の者を相手方として行う取引であって、②その内容の全部又は一部が画一的であることがその双方にとって合理的なものにおいて、③契約の内容とすることを目的としてその特定の者により準備された条項の総体を「定型約款」と呼称した上で、特殊な規律を設けています（新法第548条の2第1項柱書き）。

　その結果、これまで、ある当事者間で「約款」と呼ばれることがあったものについても、この定型約款の要件に該当しないものには、新法の定型約款の規定（新法第548条の2から第548条の4まで）は適用されないこととなります。

2　定型約款に該当しない約款に適用されるルール

　定型約款の要件に該当しないものについては、基本的には、民法の意思表示や契約に関する一般的な規定が適用されることになります(注)。

　（注）旧法下でも、相手方がその内容を認識していなくとも、一定の要件を満たすことにより、契約の内容になることがあるという理解に基づいて約款は利用されてきました。もっとも、どのような要件を満たす必要があるのか、その対象となる約款の要件はどのようなものかなどについては、明確な判例もなく、確立した見解が存在する状況ではありませんでした。今回の改正は、定型約款に該当する限りにおいては、新たに設けた定型約款に関する一連の規定を適用することで取引の安定を図ることとしたものです。

　なお、定型約款の要件に該当しない約款であっても、定型約款が想定する特

質と類似する性質を有したものについて、一般的な契約に関する理論とは別の
理論の適用を解釈論として模索することは、今回の改正によっても否定されて
いないものと考えられます。

［定型約款の合意］

Q22　定型取引合意（新法第548条の2第1項）とは、どのような内容の合意ですか。定型取引合意があったと認められるのは、どのような場合ですか。

A　定型約款を利用した契約が成立するためには、「定型約款を契約の内容とする旨の合意」又は「あらかじめその定型約款を契約の内容とする旨の相手方に対する表示」とは別に、取引を行う旨の合意（定型取引合意）が必要です。定型取引合意は、個別具体的な取引を行うことについての合意であり、契約条項の詳細は認識しないままにされることがあります。例えば、コインロッカーに手荷物を保管する際には、コインロッカー使用約款の詳細を認識しないものの、手荷物を保管するために対価を支払ってコインロッカーを使用することについては認識があるといえますが、このような状態での合意が定型取引合意です(注)。

これは、実際に定型取引を行うか否かが未定の段階でも、実際に契約が成立した場合にはある定型約款を契約の内容とする旨の合意をすることはあり得ることから、別途、要件とされているものです。定型取引合意自体には錯誤を始めとする民法の意思表示の規定は適用があるものと考えられます（Q33参照）。

定型取引合意は黙示の合意によってすることが可能であり、実際にも、黙示の合意によってされることが多いと考えられます。また、「定型約款を契約の内容とする旨の合意」が明示的にされれば、定型取引合意があったと認定されることも少なくないと考えられます。

（注）例えば、鉄道の旅客運送に係る取引において、顧客側は、鉄道事業者側所定の運賃を支払う意思は有しているものの、目的地までの具体的な料金については明確に認識していないこともあります。このように、契約の主たる給付

の一部について明確な認識を欠いているといえる場合であっても、鉄道事業者と顧客との間で、定型取引合意は有効に成立していると考えられます。

Q23 「定型約款を契約の内容とする旨の合意」（新法第548条の2第1項第1号）は、いつの時点ですることが想定されていますか。

A 定型約款に記載された個別の条項について、その内容を認識していなくとも合意をしたものとみなす要件として、新法は、①定型約款を契約の内容とする旨の合意をした場合と、②定型約款準備者があらかじめその定型約款を契約の内容とする旨を相手方に表示していた場合とを規定しています（新法第548条の2第1項）。

この①の合意の要件と②の表示の要件との関係について、定型約款を契約の内容とする旨の合意があるときには、常にその旨の表示があるといえるため、②の表示のみを要件とすれば十分で、①の合意を要件とする必要性がないのではないかという疑問も生じ得ます。

しかし、②の表示は個別具体的な取引を行う旨の合意（定型取引合意）の時点でされていなければならない（Q25参照）のに対し、①の合意は、個別具体的な取引を行う旨の合意（定型取引合意）の後にされてもよいし、両当事者間で事前に締結した基本契約においてその旨の合意がされていてもよいと考えられます。

このように、②の要件と対比すると、①の要件の想定する「合意」についてはその成立時点はより幅広い範囲で許容されるものと考えられます。

Q24　「定型約款を契約の内容とする旨の合意をした」（新法第548条の2第1項第1号）といえるためには、適用される約款をどの程度具体的に特定しなければならないのですか。例えば、「当社が作成する約款が適用されます」という内容の合意をした場合でも、「定型約款を契約の内容とする旨の合意をした」といえますか。

A　1　「定型約款を契約の内容とする旨の合意をした」場合に個別の条項についての合意の存在を擬制する理由

新法においては、「定型約款を契約の内容とする旨の合意」があったときに、定型約款の個別の条項について合意があったものとみなしています（新法第548条の2第1項第1号）。

この場合に個別の条項について合意があったものとみなすこととしたのは、相手方（顧客）は、定型約款準備者を全面的に信頼するのではなく自ら契約内容の詳細を確認したいと考える場合には、定型約款準備者に定型約款の内容の表示を請求する権利（新法第548条の3第1項）を行使して内容を確認することができ、その結果、契約を締結しない決断をすることも可能であると考えられるからです。

2　適用される約款の特定の程度

したがって、「定型約款を契約の内容とする旨の合意」においても、その定型約款の内容の開示を請求する契機となる情報があれば足りると考えられるため、定型約款の存在と利用とを相手方が抽象的に認識していれば足りると考えられます。そのため、「定型約款を契約の内容とする旨の合意」としては、「当社が作成する約款が適用される」旨の合意で足りると考えられます[注]。

　（注）なお、「定型約款を契約の内容とする旨の合意」をした時点では、具体的に契約の内容とする定型約款が存在しないといった事態が生ずることも考えられなくはありません。この場合でも、実際に取引が開始される時までに定型約款が作成されていれば、その作成された定型約款が契約の内容になると考えられます。もっとも、取引前に相手方から定型約款の内容の表示を請求された場合に、いまだ定型約款が作成されていないことを理由としてその表示を拒絶することがあり得ますが、取引の直前には定型約款は作成されているはずですので、作成され次第速やかに定型約款の内容の表示を行わない限り、「正当な事由」なく拒絶したと評価され（新法第548条の3第2項）、新法第548条の2第1項の規定が適用されないことになるものと考えられます。

Q25 「あらかじめその定型約款を契約の内容とする旨を相手方に表示していた」（新法第548条の2第1項第2号）といえるためには、具体的にはどのようなことをしておく必要がありますか。また、具体的に適用される約款をどの程度特定しなければならないのですか。

A 　1　表示の方法

　「あらかじめその定型約款を契約の内容とする旨を相手方に表示していた」といえるために必要な「表示」とは、取引を実際に行おうとする際に、顧客である相手方に対して定型約款を契約の内容とする旨[注1]が個別に示されていると評価ができるものでなければなりません。

　したがって、例えば、定型約款準備者の管理する自社ホームページなどにおいて一般的にその旨を公表するだけでは足りません。

　インターネットを介した取引などであれば契約締結画面までの間に同一画面上で認識可能な状態に置くことで「表示」があったということができます。

　また、対面での取引であれば、その取引が行われる場所にその旨を記載した札を立てておく、自動販売機などを利用するケースでは販売機にその旨を記載したシールを貼っておくなどしたケースについては「表示」があったといえるものと考えられます。

　2　約款の特定の程度

　この「表示」によるケースについても、具体的に適用される約款をどの程度特定しなければならないかが問題となります。定型約款を契約の内容とする旨の合意がされる場合（Q24参照）と異なり、「表示」したといえるためには、当該取引に適用される定型約款が具

体的にどの約款であるのかが他と識別可能なものである必要があります。もっとも、当該取引に利用され得る約款が現に一つしかないのであれば、契約内容とする定型約款の具体的な名称を示しておくことまでは不要であると考えられます(注2)(注3)。

（注1）定型約款の内容ではなく、飽くまでも、ある取引にある約款が使用されて契約の内容になることが表示されていれば足ります。

（注2）定型約款を契約の内容とする旨の合意をする場合とは異なり、表示の時点で具体的に契約の内容とするべき定型約款が存在しないケースについては、適切な「表示」がされていないものとみざるを得ないものと考えられます（Q24 の（注）参照）。

（注3）ある取引に利用される契約書が実際には例えば三つあるというケースにおいては、より詳しくみれば、三つの契約書が独立的・並列的な関係にある場合と、一つの契約書が主たるもので、従たる二つの契約書をその中で引用するという場合などがあります。このうち、後者についてはその主たる契約書について表示をすれば相手方に対する情報提供としては十分ですから、引用された契約書についての表示は要しないものと解されます（なお、他の契約書の引用に関して、Q10 参照）。

Q26　インターネットのいわゆるポータルサイトの利用規約について、「あらかじめその定型約款を契約の内容とする旨を相手方に表示していた」（新法第548条の2第1項第2号）ということができるのは、どのような場合ですか。

A　インターネットのポータルサイトにおいては、その利用に当たって利用規約や免責条項が設けられており、ポータルサイト上には利用規約等へのリンクが掲載されています。この場合には、通常、利用規約等が適用されることに利用者が同意していることについて各利用者に明示的に確認することは、ポータルサイトの利便性を著しく損なってしまうため行われていませんが、顧客である相手方に対して定型約款を契約の内容とする旨が個別に示されていると評価することができるため、「あらかじめその定型約款を契約の内容とする旨を相手方に表示していた」として、契約内容になると考えられます。

　なお、インターネットのポータルサイトに利用規約等が設けられている場合に、ページをスクロールしてその最下部まで進まなければ、利用規約等のリンクを見ることができない場合がありますが、ページとしての一体性があるといえるのであれば^(注)、「表示していた」と評価することができると考えられます。

　また、例えば、検索エンジンを利用した場合等に、あるサイトのトップページを経由せずに、その下層のページのみを閲覧することがあり得ます。この場合に、サイトのトップページのみに利用規約等のリンクが掲載されていたのであれば、当該利用規約等が契約の内容になることについて「表示していた」と評価することは困難であると考えられますが、当該サイトが著名であって、何らかの利用規約が設けられていることが一般的にそのユーザーに知られている

のであれば、利用規約等を契約の内容とすることについて黙示の合意があったと認められ得るものと考えられます（Q29 参照）。

　（注）利用規約等のリンクがトップページに掲載されていたとしても、そのリンクをあえて離れた場所に置き、発見することが容易でない状態にあった場合には、ページとしての一体性があるとはいい難いため、「表示していた」とはいえないと考えられます。

Q27　定型約款を契約の内容とする旨の「表示」をせず、「公表」で足りる場合とは、どのような場合ですか。

A

1　特例措置の必要性

　新法では、定型約款を利用して契約を成立させる場合のルールとして、①定型約款を契約の内容とする旨の合意をし、又は②定型約款準備者があらかじめその定型約款を契約の内容とする旨を相手方に表示していた場合において、契約の当事者において取引を行う旨の合意がされたときは、定型約款に記載された個別の条項の内容について認識していなくともそれらの条項について合意をしたものとみなすこととしています（新法第548条の2第1項）。

　しかし、例えば鉄道などの旅客運送取引のように、契約により提供されるサービスの公共性が高く、極めて大量の利用者との間で速やかに契約を締結することが不可欠な取引については、そのサービスを提供する事業者は所管行政庁の監督に服しているのが通常ですし、こうした取引について、定型約款を契約の内容とすることの合意やその旨の表示を厳格に要求することは現実的ではなく、サービスの利用者の利便性の観点からも定型約款による契約の成立を容易に認めることとする方が相当であると考えられます。

2　特例規定の具体例

　そこで、鉄道等の公共交通機関による旅客の運送に係る取引や、電気通信事業による電気通信役務の提供に係る取引等について、定型約款が契約の内容となることをあらかじめ「公表」（Q28参照）していた場合には、契約前の個別の「表示」がなくとも、当該定型約款が契約の内容となる旨の特別の規定が、以下の民法以外の個別の取引を規律する法律に設けられています（いずれも整備法による改正後のもの）。

- 鉄道営業法第 18 条ノ 2（鉄道による旅客運送取引）
- 軌道法第 27 条ノ 2（路面電車、モノレール等による旅客運送取引）
- 海上運送法第 32 条の 2（フェリー等による旅客運送取引）
- 航空法第 134 条の 4（飛行機による旅客運送取引）
- 道路運送法第 87 条（乗合バス等による旅客運送取引）
- 道路整備特別措置法第 55 条の 2（高速道路等の通行に係る取引）
- 電気通信事業法第 167 条の 3（電気通信役務の提供に係る取引[注1][注2]）

（注 1）特例の対象となることが想定される電気通信事業による電気通信役務の提供に係る取引の例は、典型的には、加入電話、公衆電話、携帯電話に係る取引ですが、そのほかにも以下のようなものがあります。
- 相互接続通話（自らが加入していない電話会社と契約をしている電話機への電話）
- 中継電話（国際電話のように、中継事業者を介してする電話）
- ナビダイヤル（全国の事業所で共通の電話番号を使用する電話）
- ローミング通信（A 社と契約すると、B 社の通信区域内でも通信できるようになる通信サービス）

（注 2）総務省総合通信基盤局「電気通信事業法の消費者保護ルールに関するガイドライン」（平成 28 年（2016 年）3 月（令和 4 年（2022 年）9 月最終改正））においては、一般消費者の定型約款の存在に対する理解を形成する観点から、電気通信事業者等は、可能な限り（少なくとも対面（店頭）、書面又はウェブサイトにより利用者との間で直接契約手続を行う場合には可能であると考えられるとされています。）、特定の定型約款を契約の内容とする旨を契約前に利用者に対し説明し、又は表示することが求められるとされています。

Q28

定型約款を契約の内容とする旨を「公表」したといえるためには、どのようなことをしておく必要がありますか。

A 　鉄道等の公共交通機関による旅客運送取引や、電気通信事業による電気通信役務の提供に係る取引等については、その取引を行う業者を規制する業法等において、定型約款が契約の内容となることをあらかじめ公表していた場合には、契約前の個別の表示（新法第548条の2第1項第2号の表示）がなくとも、当該定型約款が契約の内容となる旨の特別の規定が設けられています（整備法による改正後の鉄道営業法第18条ノ2等）。

　これらの規定において、定型約款が契約の内容となる旨をあらかじめ「公表」しているといい得るためには、定型約款が契約の内容となる旨の定型約款準備者の表明(注1)に対して取引を行おうとする者がアクセス可能な状態にあればよいと考えられます。

　したがって、事業者が自社のホームページにその旨を掲載することは「公表」に当たるものと考えられます。

　また、例えば、一般乗用旅客自動車運送事業者(ハイヤー・タクシー)を除く一般旅客自動車運送事業者（乗合バス・貸切バス）は、運送約款を営業所その他の事業所において公衆に見やすいように掲示しなければならないとされていますが（道路運送法第12条第1項）、この規定に従って運送約款が事業所において掲示されていれば、定型約款を契約の内容となる旨をあらかじめ公表していると評価することができると考えられます(注2)。

　（注1）定型約款の内容を公表することは必要なく、飽くまでも、ある取引にある約款が使用されて契約の内容になることが公表されていれば足ります。
　（注2）道路運送法第12条第1項に従って事業者が運送約款を掲示しても、

定型約款が契約の内容となる旨をあらかじめ公表しているわけではないので、本来的には、あわせてその旨を掲示することがより望ましいと思われます。しかし、同項に従って運送約款が掲示されていれば、その運送約款を契約の内容とする趣旨であると理解することができるため、定型約款が契約の内容となる旨をあらかじめ公表していると評価することはできると考えられます。

Q29　定型約款を契約の内容とする旨の合意が黙示的に成立したと認められることはありますか。また、どのような場合に黙示的に成立したと認められますか。

A　新法は、「定型約款を契約の内容とする旨の合意」があったときに、定型約款の個別の条項について合意があったものとみなしていますが（新法第548条の2第1項第1号）、この合意はいわゆる黙示の合意であっても構いません。

黙示的に合意が成立したか否かは、事実認定の問題として、個別の事案における具体的な事情を総合的に考慮して判断されることになりますが、例えば、約款の利用が予定された取引であることが法律上も予定されているもののほか[注1]、約款が利用されている取引であることが一般的に認知されているといえるようなものについては[注2]、取引の相手方は、約款がその取引の契約内容になることについて理解をした上で取引を行っているとして、定型約款を契約の内容とする旨の黙示の合意があったと認定される可能性が高いと考えられます。

（注1）郵便法では、日本郵便株式会社は、郵便の役務に関する提供条件について郵便約款を定め、総務大臣の認可を受けなければならないとされています（郵便法第68条第1項）。このような法律上の位置付けであることに加え、郵便がこれまで極めて幅広く利用されているという実態や、多様な郵便サービス自体が複雑な契約条件の定めがなければ成り立ち得ないと考えられるものであることなどに照らせば、日本郵便株式会社が準備した郵便約款が契約の内容になることを黙示的に合意しているものと認定することは可能であると考えられます。

（注2）例えば、金融機関との間の預金取引や保険取引については、約款が利用されていて、その内容が契約の内容になることについての利用者の認識があるのが通常であると考えられます。

Q30 個人情報保護法に基づく同意をする旨を定めた条項についても、新法第548条の2第1項に基づいて合意をしたものとみなされるのですか。

A 1 個人情報保護法の内容

個人情報保護法においては、一定の場合を除き、あらかじめ本人の「同意」を得ないで、①目的外で個人情報を利用してはならず、また、②個人データを第三者に提供してはならないとされています（個人情報保護法第18条第1項、第27条第1項）。

この本人の「同意」は私法上の行為ではないことから、その効力の有無は、民法ではなく、個人情報保護法の趣旨に照らして判断されることになるものと解されます。そのため、法律行為とは異なり、一旦同意をした後であっても、本人が自由に同意を撤回することができると解されているほか（宇賀克也『新・個人情報保護法の逐条解説』（有斐閣、2021年）203頁）、未成年者が親権者の了解を得ないでした同意であってもただちに取り消されないと解されています（個人情報保護委員会「『個人情報の保護に関する法律についてのガイドライン』に関するQ&A」Q1-62）。

2 個人情報保護法上の同意の位置付け

いわゆる約款を利用した取引において、事業者が顧客から個人情報を取得する場合には、個人情報の利用目的や第三者への提供等の個人情報保護法上必要となる事項についての規約を設けた上で、顧客に当該規約が適用されることについての同意を求めることがあります(注)。

これらの事項についての顧客の同意は、多くの場合には、個人情報保護法に基づく同意を意図しているものであり、私法上の効力を有することを意図するものではないことからすると、上記の規約は、

「契約の内容とすることを目的としてその特定の者により準備された条項の総体」には該当せず（新法第548条の2第1項柱書き）、定型約款に関する規律が直接適用されることはないと考えられます。

　（注）このような規約は、個人情報保護方針やプライバシーポリシーという名称が付されており、個人情報の利用目的や個人情報を事業者が第三者に提供することができる場合等について定められています。

Q31 信託契約の成立及び変更に関して、信託法と民法の定型約款のルールはどのように適用されることになりますか。

A
1　問題の所在

　信託は幅広い領域において利用され、また、利用が可能な法制度ですが、特に経済活動のために、多数の顧客との関係で活用されるケースにおいては、信託の設定等の場面においていわゆる約款が用いられることが少なくありません。

　そのため、定型約款に関する民法の規定（新法第548条の2から第548条の4まで）の解釈においても、信託法等との関連で、以下のように考察が必要であると考えられる点があります。

2　定型約款に関する規律の信託への適用の有無

　定型約款に関する規律は「不特定多数の者を相手方として行う取引」において利用されるものであるとの定義から明らかなように、二者間の取引を想定しており、かつ、それが並行的に複数回行われるものが典型例として想定されています。

　したがって、例えば、委託者兼受益者と受託者とが信託契約を締結するという取引が並行的に多数行われるケース（典型的には、貸付信託、合同運用金銭信託、委託者非指図型投資信託）においては、定型約款に関する規律が適用され得ます（もちろん、信託法がその特例となり、定型約款に関する規律の特例を定めているとみられるケースにおいてはその例外が定められていることになります。）。

　他方で、委託者と受託者とは一対一であり、①受益者が当初から複数であるというケースについては、信託設定行為自体は「不特定多数の者を相手方として行う取引」ではないため、ここに直ちに定型約款に関する規律が適用されることはありません。また、②委託

者が当初受益者となり、その後、当初受益者から多数の者に対して信託受益権が分割譲渡されるといったケース（典型的には、委託者指図型投資信託）においても、信託設定行為自体には定型約款に関する規律が適用されることはなく、他方で、信託受益権の譲渡契約については定型約款に関する要件に該当する限り定型約款に関する規律の適用があり得ることになります。

3　定型約款の変更と信託の変更

　信託の変更は、信託行為の定めを事後的に変更するものであることから、定型約款に基づき定められた契約関係を変更する定型約款の変更のルールとその機能において類似しています。特に、定型約款準備者に当たる受託者が受益者の同意を得ることなく信託の変更を行うケースにおいては、要件と効果は類似します。

　ここでは、特別法である信託法の規定が優先的に適用され、一般法である民法の規定は、特別法である信託法の規定に矛盾しない範囲で補充的に適用されると解することになります。

　すなわち、信託法第149条第2項第2号に基づく受託者による信託の変更は定型約款に含まれる契約内容を変更することも可能であり、定型約款の変更に係る要件を充足しなくとも、同号に基づいて信託の変更（契約の変更）をすることができます。また、この場合、定型約款の変更に関する手続規定（例えば、新法第548条の4第2項等）は適用されないものの、信託法の規律により変更後の信託行為の内容を受益者に通知しなければなりません（信託法第149条第2項後段）。

　このほか、信託法第149条第4項の規定に基づき、信託行為の別段の定めに基づいて信託の変更が行われる場合があります。この場合にも、信託法の定めに従って信託の変更による契約関係の変更が行われ、定型約款の変更に関する規定（例えば、新法第548条の4第2

項等）は適用されません。

　他方で、信託の変更に該当する契約内容の一方的変更について、定型約款の変更の規律に基づいてこれを実現することが許されなくなるものではありません。ただし、この場合には、信託法の理念に反しないことが必要ですから、強行規定である信託法第103条の潜脱とならないことが必要となります。すなわち、重要な信託の変更に該当する契約変更を定型約款の変更によって実現しようとするときには、受益権取得請求権を相手方に与えることとしておかない限り、「定型約款の変更が……その他の変更に係る事情に照らして合理的なもの」とはいえないことになるものと解されます。

Q32　「あらかじめその定型約款を契約の内容とする旨を相手方に表示していた」（新法第 548 条の 2 第 1 項第 2 号）が、相手方が定型約款を契約の内容とすることに異議を述べながら取引を行ったケースは、どのように扱われるのですか。

A　このような主張をする相手方（顧客）との間では、定型約款準備者は取引自体を開始することはありませんから、実際には、契約の成立に至らないことがほとんどであると考えられます。また、そもそも、その「異議」の表明に法的な意味を認めるべきかという問題もあるでしょう。

　もっとも、例えば、インターネットを利用した取引や書面による取引において、取引自体は行われたものの、相手方が備考欄にそのような意思を表示していたといったことは想定されます。

　このようなケースについては、定型約款を利用した取引を申し込む定型約款準備者と、それを拒絶しながらも取引をする意思を示した相手方（顧客）との間に、そもそも定型取引についての合意自体が成立していないとみるほかないと考えられます（新法第 548 条の 2 第 1 項第 1 号）。

　したがって、当事者間には契約関係が成立しないものと考えられます。

Q33　定型約款による契約の成立について、錯誤などの民法の意思表示に関する規定は適用されますか。

A　定型約款については、新法第548条の2第1項所定の要件を満たす限り、定型約款中の個別の条項についても合意をしたものとみなされます（同項）。

したがって、このように法律上合意が擬制される以上は、個別の条項についての合意自体に新法第93条以下の意思表示に関する規定が適用されることは想定されません[注]。

もっとも、定型約款を利用した契約が締結される際には、より抽象的な「定型取引合意」（新法第548条の3第1項参照）がされる必要があります（Q22参照）。そして、この定型取引合意は、定型約款の内容を細部に至るまで認識する必要はないものの、一定の取引を定型約款準備者と相手方（顧客）との間で行うことを合意するものですから、この合意自体には錯誤を始めとする民法の意思表示の規定（新法第93条以下）は適用されるものと考えられます（なお、Q35参照）。

（注）このように、定型約款の内容に関しては、錯誤の規定（新法第95条）の適用などはないから、例えば、契約時には全く想定もしていない内容の条項が定型約款に含まれていたとしても、相手方（顧客）は、そのことを理由に錯誤取消しをすることはできません。しかし、このような顧客が想定しないような条項については、むしろ、新法第548条の2第2項の規定により不当な条項として合意をしなかったものとみなされ、その効力が否定されることがあるということが予定されています。

Q34 定型約款による契約について「合意をしたものとみなす」(新法第548条の2第1項柱書き)ことにより、具体的にはどのような効果が発生するのですか。また、合意を推定することとの違いはどのようなものですか。

A 　1　「合意をしたものとみなす」という表現の趣旨

　新法においては、定型約款を利用した取引の安定を図る観点から、相手方が定型約款の内容を理解していなくとも定型約款の個別の条項が契約の内容となる旨の規定を設けることとしています(新法第548条の2第1項)。この規定で「合意をしたものとみなす」という表現を用いているのは、相手方が契約条項の内容を認識していないため、民法の原則に従えば合意があったとは評価し難い場合であっても、合意があったのと同様の法律上の効果を付与することを表す趣旨であり、当事者は合意がなかったと主張することは許されなくなります。

　2　新法の下での相手方の地位

　このような規定を設けることについては、取引の安定を図ることはできるものの、顧客である相手方としては、自らが認識していない契約条項の効力を争う余地がなくなり、現状に比して不利益を受けることになるのではないかという懸念が生じ得ます。

　そこで、新法においては、定型約款の内容を認識していない場合であっても定型約款の個別の条項について合意をしたものとみなすこととしつつも、当該定型約款の個別の条項が信義則(新法第1条第2項)に反して相手方の利益を一方的に害すると認められるものであれば、合意をしなかったものとみなすこととしています(新法第548条の2第2項)。

3　推定構成との違い

　なお、契約当事者が約款の条項に拘束される根拠について、判例（前掲第１編第２１・大判大正４年12月24日）は、火災保険約款中の免責条項の効力が争われた事案の中で、当事者双方が特に保険約款によらない旨の意思表示をせずに契約したときは、その約款による意思で契約したものと推定すべきであるとしていました。この判例の理解は必ずしも一様ではありませんが、個別の条項について合意をしたものと推定するにとどまるという考え方であると理解すると、新法とは異なることになりますが、次の点で新法の構成が優れていると考えられます。

　第一に、定型約款の規定を設けるのは、定型約款中の条項の内容を相手方（顧客）は実際にはよく認識していないという現状を踏まえたものです。しかし、仮に推定にとどまるとすれば、常に推定が覆されるということにもなりかねず、取引の安定を確保することができませんから、取引の安定を図る目的で制度を設ける場合の対応としては不十分です。

　第二に、合意があったことを推定する構成は、推定が覆らない限りは当事者間には真に合意があったことを前提とすることになります。しかし、新法の不当条項規制のルール（新法第548条の２第２項）は、そもそも個別の各条項についてまでは具体的な合意が存在しないという実態にあることを前提とするものであるため、合意の推定の構成によると、このルールの創設も理論的には困難となります。つまり、仮に真実合意があったことを前提とせざるを得ないとすれば、公序良俗違反（新法第90条）などを根拠としてその効力を否定するほかなく[注]、個別の条項についての認識が十分でない相手方（顧客）の保護に問題が生じ得るでしょう。

　　（注）公序良俗違反は仮に真に合意があったとしても、その内容の不当性を理

由に合意の効力を失わせるものですが、そのため、そのハードルは一般に極めて高い（極めて例外的にしか合意の効力は失われない）ものであると理解されています。それに対して、信義則違反を根拠とする場合には、そのハードルはより低い（例外的にではあれ、個別の事情によって合意の効力が失われる）ものということができます（**Q43** 参照）。

Q35 定型約款中の個別の条項について合意をしたものとみなす旨の規定を設けることによって、ワンクリック詐欺の事案で料金の支払義務を負うことになってしまうことはありませんか。

A 　近時、インターネット上のウェブサイトにおいて、年齢認証のためのボタン等をクリックしたことによって、意に反して会員登録がされ、一方的に高額な料金を請求されるなどという手口のワンクリック詐欺と呼ばれるトラブルが発生しています[注1]。

　新法においては、定型約款を契約の内容とする旨の合意等をした場合において、契約の当事者においてその定型約款を利用した個別具体的な取引を行う旨の合意がされたときは、定型約款に記載された個別の条項について、その内容を認識していなくとも合意をしたものとみなす旨の規定を設けることとしています（新法第548条の2第1項）。

　この規定が設けられたとしても、ワンクリック詐欺の事案等において、事業者があらかじめ利用規約を契約の内容とする旨をウェブサイト上で利用者に表示しておくだけで、当然に事業者からの料金の支払請求を拒むことができなくなるといった事態は生じないと考えられます。

　なぜなら、定型約款の規定によって定型約款の内容について合意をしたとみなされるためには、定型約款を利用した取引を行う合意（定型取引合意）をすることが必要ですが（新法第548条の2第1項柱書き）、ウェブサイトの閲覧について料金がかかることを全く認識しないままに利用者が年齢認証ボタン等をクリックしていたケースについては、契約の当事者において有料サイトの閲覧という取引を行う旨の合意（定型取引合意）があったとは到底いうことができず、

必要な要件を充足していないからです。

　なお、ワンクリック詐欺の事案に関しては、これまでも、電子消費者契約に関する民法の特例に関する法律や、特定商取引に関する法律によって、様々な対処が図られています[注2]。

　(注1)　例えば、トップページの「18歳以上」という年齢確認のボタンをクリックしただけで、会員登録がされ、会費の支払義務が発生したとして、年会費の支払を請求する画面に移行するといった手口があるようです。

　(注2)　電子消費者契約に関する民法の特例に関する法律第3条（整備法による改正前は、「電子消費者契約及び電子承諾通知に関する民法の特例に関する法律」）は、消費者がインターネットを経由した電子商取引をする場合に、パソコンの誤操作等による錯誤があったときは、原則として、第95条第3項の規定を適用しないとし、重過失がある表意者も保護することとしています。したがって、(注1)のような事案を含め、広く錯誤無効により保護されることになります。

　また、特定商取引に関する法律第14条第1項第2号は、「顧客の意に反して通信販売に係る売買契約又は役務提供契約の申込みをさせようとする行為として主務省令で定めるもの」をした場合であって、「通信販売に係る取引の公正及び購入者又は役務の提供を受ける者の利益が害されるおそれがあると認めるとき」に、事業者に対して、必要な措置をとるべきことを指示することができるとしており、いわゆるワンクリック詐欺等に関して行政的な規制をしています。

Q36

「相手方の権利を制限し、又は相手方の義務を加重する条項であって……第一条第二項に規定する基本原則に反して相手方の利益を一方的に害すると認められるものについては、合意をしなかったものとみなす」旨の不当条項に関する規制の規定（新法第548条の2第2項）を設けることとしたのは、なぜですか。

A　1　不当条項に関する紛争の現状

定型約款による契約については、定型約款中の一部の条項が文言どおりに契約の内容となるか否かが争われることは決して少なくありません。その要因は、定型約款による契約の当事者が定型約款の内容を細部まで認識しないまま取引を行っているために、約款中の自己に不利益な条項を事後的に示されても納得し難い場合が少なくないこと、また、そのような場合に、その当事者が自己に不利益な条項に拘束される法的根拠が明確でないことなどにあると考えられます。

このような争いについて、これまでの裁判実務においては、契約条項の内容やその影響を踏まえつつ、信義則（旧法第1条第2項）や権利濫用法理といった一般的な条項を根拠とし、あるいは、契約条項の文言の解釈を柔軟に行うことによって、不当な条項の効力を排除し、内容の合理性を確保してきたものと考えられます[注1]。

2　問題の所在

しかし、このような方法による解決の枠組みは、条文上は明確であるとはいい難いため、明文の規定を設けて不当性を理由に個別の条項の効力を争う余地がある旨や、その際の判断枠組みを示すことが適切です。

　また、新法においては、定型約款の個別の条項について合意をしたものとみなす旨の規定を設けていますから（新法第548条の2第1項）、個別の条項の効力を否定する方法があることについて規定を設けて示さなければ、争う余地がないことにもなりかねません。

3　不当条項規制の内容と効果

　そこで、新法においては、相手方にとって負担となるような条項、すなわち、相手方の権利を制限し、又は相手方の義務を加重する定型約款の個別の条項については、両当事者間の衡平の実現を目的とする基本原則である「信義則」（新法第1条第2項）に反して相手方の利益を一方的に害すると認められるときは、合意をしなかったものとみなすこととしたのです（新法第548条の2第2項）[注2]。

　（注1）いわゆる約款の個別の条項の内容や拘束力の有無が争われた旧法下の最高裁判例としては、以下のようなものがあります。
①　最判平成13年3月27日民集55巻2号434頁は、加入電話契約者の子がダイヤルQ2を利用した場合の通話料（10万円余）の支払義務の有無が争われた事案において、ダイヤルQ2サービスの内容や危険性等について具体的かつ十分な周知がされていなかったとして、信義則を根拠に、加入電話契約者以外の者が契約者回線から行った通話についても加入電話契約者において通話料の支払を要するとした約款に基づく通話料の支払義務の一部を否定しています。
②　最判平成15年2月28日集民209号143頁は、ホテルの宿泊客（宝石販売業者）が、ホテルに持ち込んだ物品等につき盗難にあったとの事案について、種類及び価額の明告のない物品等の滅失・毀損等に関するホテル側の損害賠償責任を制限する旨のホテルの宿泊約款中の条項の効力を否定しています。
③　最判平成17年12月16日集民218号1239頁は、地方住宅供給公社と賃借人との間で締結された団地に係る賃貸借契約について、賃借人に通常損耗の原状回復義務を負わせる特約の効力が争われた事案において、通常損

　耗に係る投下資本の減価の回収は、必要経費分を賃料の中に含ませてその支払を受けることにより行われているのであるから、賃借人にその原状回復義務を負わせる場合にはそのことが明確に合意されている必要があるとし、当該事案の下では、当該特約について明確な合意はなかったとして、その効力を否定しています。

　（注2）新法第548条の2第2項の規定は、定型約款に関して、これまでにない相手方保護のルールを定めたものではないかとの指摘がされることがありますが、同項は、これまでの裁判実務等における定型約款の個別の条項の有効性や拘束力に関する紛争解決の実情を踏まえつつ、特に、「信義則」に反するかどうかを主要な要件として、一定の条項の効力を否定しようとしたものであり、これまでの裁判実務を超える相手方の保護のルールを導入したものとはいえないものと考えられます。

　現状においても、「信義則」に関するルールは存在していますので、信義則に反する定型約款の条項に基づく定型約款準備者からの権利主張は法律上認められないということができるからです（新法第1条第2項）。

　もっとも、信義則に関する旧法第1条第2項のルールは極めて一般的なものであったため、これを定型取引の特質（Q40参照）を踏まえつつ定型約款の個別の条項の効力と関連付けて理解することは困難であったと思われます。現にそのような考え方が裁判実務に一般的に受け入れられていたとはいい難い状況でした。

　新法においては、定型約款の個別の条項の効力と信義則とを関連付ける明文の規定を設けており、ここに大きな意義があるものと考えられます（新法については、各種の報道で、新たに消費者保護に資するルールが設けられたとの報道がされましたが、この報道は、上記の意味では、いささか正確性を欠く嫌いがあります。他方で、旧法下では新法と同様の規制が働くことは実際上はほとんどなかったといえますので、これを全くの誤解と批判するのも現在の裁判実務の状況を等閑視する恨みがあるように思われます。）。

Q37
定型約款についての不当条項規制の規定（新法第548条の2第2項）によって、どのような契約条項の効力が否定されるのですか。

A

1　不当条項規制の内容

新法においては、相手方にとって負担となるような条項、すなわち、相手方の権利を制限し、又は相手方の義務を加重する定型約款の個別の条項については、両当事者間の衡平を図る基本原則である「信義則」に反して相手方の利益を一方的に害すると認められるときは、合意をしなかったものとみなすこととしています（新法第548条の2第2項）。

2　不当条項の具体例

この規定によって効力が否定される条項の例としては、相手方に対して過大な違約罰を定める条項[注1]、定型約款準備者の故意又は重過失による損害賠償責任を免責する旨の条項のように、その条項の内容そのものが不当であるものが想定されます[注2]。

また、売買契約において本来の目的となっていた商品に加えて想定外の別の商品の購入を義務付ける不当な抱合せ販売条項などについても、当該条項の存在が交渉の経緯や他の契約書面等から容易に認識することができないようなときには、信義則に反する条項と判断される可能性が高いといえます[注3]。

このように、定型約款についての不当条項規制においては、①当該条項の内容面での不当性と、②当該条項を相手方（顧客）が認識・予測困難であったという不当性（不意打ち的要素）の両面が考慮されることになります[注4]。

（注1）東京地判令和3年5月19日（LEX/DB文献番号25589390）では、イ

ンターネットショップにおける商品の売買契約中の転売禁止条項違反に係る違約金条項について、①違約金条項の存在は購入者にとって容易に理解できるものではなく、当該購入者は、当該違約金条項の存在を全く認識していなかったことを理由として、違約金条項についての合意の有無が争われるとともに、②違約金条項の存在が認識困難であり、かつ、違約金条項の金額が極めて過大であることを理由として、違約金条項が新法第548条の2第2項により合意しなかったものとみなされるか否かが争われました。裁判所は、①について、定型取引に合意して本件商品を購入したものであり、かつ、売主との間で定型約款の一部である違約金条項を契約の内容とする旨の合意をした上で商品を購入したものであるから、当該違約金条項を読んでいなかったとしても、購入者は当該違約金条項に合意したものとみなされるとした上で、②については、違約金条項の存在を認識することが著しく困難であったことを指摘した上で、違約金条項の金額が極めて過大であるとして、新法第548条の2第2項に基づき、当該違約金条項には合意をしなかったものとみなされるとしました。なお、この裁判例の判断は結論において妥当であると思われるものの、本書の立場からすると、定型約款中の条項の物理的な認識可能性の問題と不意打ち条項規制の問題を混同しているきらいがあるように思われます（不意打ち的要素は、予測が困難な条項であるか否かを問題とするものであり、その条項が予測困難なものであっても認識が可能になっていれば信義則に反する条項とはされないという限度で、条項の物理的な認識可能性が問われるものと考えています。）。

　（注2）東京地判令和4年3月1日（Westlaw Japan 文献番号2022WLJPCA03018010）では、インターネットサイトを通じて締結したライブ会場の利用契約中のキャンセル規定について、①契約を締結する際、出演者がキャンセル等に関する事項について重要事項として説明を受けておらず、上記事項について認識していないことを理由として、キャンセル規定が利用契約に含まれるか否かが争われるとともに、②取引実態に鑑みて、店舗側が低廉なキャンセル料で契約を容易にキャンセルすることができる点で内容が不合理であり、出演者の利益を一方的に害するものであることを理由として、新法第548条の2第2項により合意しなかったものとみなされるか否かが争われました。

　裁判所は、①について、利用者が、キャンセル規定を含めて利用契約につき規約が存在すること自体を認識した上、その内容を契約の内容とする旨の合意をしたため、新法第548条の2第1項により、キャンセル規定は契約の内容に含まれるとした上で、②については、利用契約全体の中におけるキャンセル規定

の位置付けを踏まえつつ、キャンセル規定の内容において出演者に有利な部分
も含まれており、出演者にとって一方的に不利益な内容とはいえないことを理
由に、同条第2項の適用を否定しました。

（注3）例えば、ある商品についての売買契約の約款に、当該商品の購入後、
継続的にその商品の付属品を購入したり、メンテナンスなどのサービスを受け
たりしなければならないという条項が含まれている場合に、当該条項の存在が
交渉の経緯や他の契約書面等から予測することができないようなときには、当
該条項が不意打ち条項に当たり得ます。

（注4）改正法の立案の過程においては、この二つを全く別個独立の規制とし
てルール化することも検討されました。しかし、特に、本文②のルールを独立に
設けることとした場合には、内容的には不当でなくとも拘束力が否定されるこ
とがあり得るものの、それは過剰な規制であるとの批判が強く、両者の要素を
総合考慮することとされたものです（Q38参照）。

Q38　顧客にとって不意打ち的な契約条項はどのように扱われることとされたのですか。

A

1　不意打ち条項規制とは

　不意打ち条項規制とは、約款による契約の成立要件を充足した場合であっても、約款中の条項のうち、相手方が合理的に予測することができないと客観的に認められるものは、契約の内容とはならないこととするルールをいいます。これは、約款中の契約条項の内容を認識していない当事者の保護を目的とするルールの一つですが、個別の条項の内容が不当かどうかではなく、その条項の存在が予測可能であったかどうかに着目するところに特色があります。

2　新法における位置付け

　改正法の立案の過程では、民法に定型約款に関する規定を設けることを前提に、顧客である相手方保護の観点から不意打ち条項規制を導入することも検討されていました。

　もっとも、相手方にとって特に不利益でないにもかかわらず、単に「合理的に予測することができない」というだけで契約の内容にならないとすることに対しては、主に経済界から、過剰な規制であるとの批判がありました。また、「合理的に予測すること」が可能であるか否かの判断が容易ではなく、この要件のみで契約の内容となるか否かが一律に決まってしまうとすれば、約款を利用した取引の安定性を著しく損なうとの懸念も示されました。

　そこで、新法においては、「合理的に予測することができない」ことのみを要件とする不意打ち条項規制は設けないこととされています。

　約款中の契約条項の内容を認識していない当事者を保護するとい

う不意打ち条項規制に期待された役割は、不当条項規制について規
定する新法第548条の2第2項が果たすものと位置付けられていま
す（Q37参照）。

Q39 新しいビジネスにおいて利用される約款の中には、相手方が予測し得ない契約条項が多数入っていることがあり得ますが、このような契約条項については、新法第548条の2第2項によって、合意をしなかったものとみなされることになるのですか。

A 　全く新規のビジネスをするに当たっては、その新たなビジネスの内容を踏まえて全く新規に約款を検討し、作成することになるため、相手方（顧客）にとって必ずしも予想の範囲内にあるとはいい難いような契約条項が約款に含まれる可能性があります。そのような条項については、顧客がその内容を認識することができるようにしていない場合には、新法第548条の2第2項により不当な条項として効力が否定されることもあり得ます。

　もっとも、新法第548条の2においては、顧客にとって予測の容易でない不意打ち的な要素があることを信義則に反することの重要な考慮要素とすることが想定されているものの、他方で、そのことのみではなく、その条項が顧客に与える不利益の程度・内容のほか、その不利益の程度・内容が顧客の負担する対価の支払との関係で均衡を失していないかといった事情なども、「定型取引……の実情並びに取引上の社会通念」として、広く考慮されます（Q40参照）。

　したがって、新しいビジネスにおいて利用される約款の条項がいずれも予測し難いものであることのみを理由として新法第548条の2第2項により合意をしなかったものとみなされるといった事態は、発生しないものと考えられます。

Q40 定型約款についての不当条項規制（新法第 548 条の2 第 2 項）において考慮要素として明示された「定型取引の態様及びその実情並びに取引上の社会通念」は、それぞれ、どのように考慮されるのですか。

A **1　新法第 548 条の 2 第 2 項の内容**
　　新法においては、相手方（顧客）にとって負担となるような条項、すなわち、相手方の権利を制限し、又は相手方の義務を加重する定型約款の個別の条項については、両当事者間の衡平を図る基本原則である「信義則」に反して相手方の利益を一方的に害すると認められるときは、合意をしなかったものとみなしています（新法第 548 条の 2 第 2 項）。

　ここで、定型約款の個別の条項が信義則に反すると認められるか否かについては、その考慮事由が法定されており、「その定型取引の態様及びその実情並びに取引上の社会通念に照らして」総合的に判断されることになります(注1)。

2　「定型取引の態様」
　定型取引は、客観的に見て画一性が高い取引であるといえることなどから、相手方である顧客においても約款の具体的な内容を認識しようとまではしないのが通常であるという特質があります（そのため、合意の擬制という特別な法的効果が定型約款には付与されることとされています。）。

　このような特質に鑑みれば、相手方である顧客にとって客観的にみて予測し難い内容の条項が置かれ、かつ、その条項が相手方に重大な不利益を課すものであるときは、相手方においてその内容を知り得る措置を定型約款準備者が講じておかない限り、そのような条項は不意打ち的なものとして信義則に反することとなる蓋然性が高

いと考えられます。このように、信義則に反する不当な条項である
か否かの判断に当たっては、上記のような定型取引の一般的な特質
を考慮すべきことを明らかにし、かつ、その観点から不当性の審査
が行われるようにするため、「定型取引の態様」が考慮事由として明
記されています。

3　「定型取引の実情」

　信義則に反する不当な条項であるか否かの判断に当たっては定型
取引の一般的な特質だけでなく、個別の取引の実情を具体的に考慮
することも必要となります。具体的には、その取引がどのような社
会的・経済的活動に関して行われるものか、その取引において当該
条項が設けられた理由や背景、その取引においてその条項がどのよ
うに位置付けられるものかも考慮が必要であると考えられます。例
えば、その条項自体は相手方である顧客に負担を課すものであるが、
他の条項の存在等によって取引全体ではバランスが取れたものと
なっているのかなどが「定型取引の実情」として広く考慮されるこ
とが想定されています[注2][注3]。また、保険取引や電気供給取引といっ
た定型約款が利用されている個別の取引類型における実情を具体的
に見たときに、その条項を設ける必要性や相当性が低く、一般にそ
のような条項を設ける例も多くないことなどは、当該条項を置くこ
とが信義則違反と判断される積極要素として考慮されることになる
ものと考えられます。このほかにも、当該取引に参加する者は一般
的にその分野に精通した関係者に限られる、逆に顧客は一般にその
分野に通暁しない消費者に限られるといった顧客の一般的な属性に
関する事情なども、「定型取引の実情」として考慮されるものと考え
られます。

4　「取引上の社会通念」

　以上に加えて、当事者間の衡平を図る観点からは、ある条項が信義則に反する不当な条項であるか否かの判断に当たっては、定型取引の態様やその実情のほか、広くその種の取引において一般的に共有されている常識に照らして判断することが必要になるため、「取引上の社会通念」が考慮事由として明示されています。

　（注1）信義則に反する不当な条項であるかを判断するに当たっては、不意打ち的要素が一つの重要な判断要素となりますが、不意打ち的な条項であるからという理由で直ちに信義則に反する不当な条項とされるのではなく、内容的な不当性との総合考慮が予定されています（Q37参照）。
　（注2）判例（前掲Q36・最判平成15年2月28日）は、ホテルの宿泊約款におけるホテル側の損害賠償責任を制限する条項の効力を判断するに当たり、宿泊客（宝石販売業者）が、ホテルに持ち込み、フロントに預けなかった物品等について、ホテル側にその種類及び価額の明告をしなかった場合には、ホテル側が物品等の種類及び価額に応じた注意を払うことを期待するのが酷であり、かつ、時として損害賠償額が巨額に上ることがあり得るという事情を考慮していました（ただし、結論としては、ホテル側の損害賠償責任を制限する条項の効力を認めませんでした。）。このような事情もここで考慮されることを想定しています。
　（注3）東京地判令和4年3月1日（前掲Q37の（注2））参照。

Q41

新法第548条の2第2項は、「相手方の権利を制限し、又は相手方の義務を加重する条項」を適用対象としていますが、この「制限」や「加重」は何を基準として判断されるのですか。

A　新法においては、定型約款中の不当な条項に相手方（顧客）が拘束されることを防止するため、定型約款の個別の条項のうち、相手方の権利を制限し、又は相手方の義務を加重する条項であって、信義則（新法第1条第2項）に反して相手方の利益を一方的に害すると認められるものについては、合意をしなかったものとみなすこととしています（新法第548条の2第2項）。

　このうち、「相手方の権利を制限し、又は相手方の義務を加重する条項」に該当するか否かは、当該条項が現実にある状況と、それがない状況とを比較して、相手方にとって不利益なものといえるかを判断することになります。もっとも、ある具体的な契約条項として定められていなくても、民法、商法等の法律中の任意規定の内容のほか、民法等の法律に規定がなくとも判例や一般的な理解として確立したルールによって一定の法律関係が導かれることがありますから、そのようなルールをも踏まえて比較を行うことになります（注）。

　他方で、このような比較が想定されているため、例えば、契約の代金額などのように、比較の対象とすべきものが存在しない条項については、新法第548条の2第2項が適用されることはありません。代金額が不当に高すぎるといった事情に関する契約条項の内容の不当性は、新法第90条の公序良俗違反（その中でも、暴利行為の法理）によって規制されることが予定されています。

（注）消費者契約法第10条においても、「消費者の権利を制限し又は消費者の義務を加重する消費者契約の条項」であることが要件の一つとされていますが、

平成28年（2016年）の改正前は、「民法、商法（明治三十二年法律第四十八号）その他の法律の公の秩序に関しない規定の適用による場合に比し」て、「消費者の権利を制限し、又は消費者の義務を加重する消費者契約の条項」に該当するか否かを判断するとされていました。

　もっとも、消費者契約法第10条の解釈に当たっては、裁判例で、判例や一般的な理解から導かれるルールとも比して、「消費者の権利を制限し又は消費者の義務を加重する消費者契約の条項」に該当するか否かを判断するという考え方が確立していました。この考え方は妥当であると考えられますが、実際の解釈論と条文の文言との間の乖離が改められたものと考えられます。

Q42 当事者が定型約款の内容を全て認識した上で定型取引合意をすることによって契約が成立した場合にも、新法第 548 条の 2 第 2 項の規定は適用されるのですか。

A　**1　新法第 548 条の 2 第 1 項及び第 2 項の関係**

　新法においては、定型約款を利用した取引の安定を図る観点から、相手方が定型約款の個別の条項についてその内容を認識していなくとも合意をしたものとみなす旨の規定を設けることとしています（新法第 548 条の 2 第 1 項）。その上で、定型約款中の不当な条項に当事者が拘束されることを防止するため、定型約款の個別の条項のうち、相手方の権利を制限し、又は相手方の義務を加重する条項であって、信義則（新法第 1 条第 2 項）に反して相手方の利益を一方的に害すると認められるものについては、合意をしなかったものとみなすこととしています（新法第 548 条の 2 第 2 項）。

　そもそも、このような合意のみなし規定を設けた趣旨は、当事者が契約条項の内容を認識した上で合意をするという民法の原則では、個別の契約条項をほとんど読むことがないという定型取引の実態に鑑みると、契約の効力を合理的に説明することが困難であることによります。

　すなわち、定型約款を利用した取引の実情として、一般的には、当事者が契約条項の内容を全て認識して契約を締結することは考え難いという現実の取引の実情を前提として、この規定は設けられたものです。

2　定型約款の内容を全て認識して契約が締結された場合

　これに対して、現実的にはまれであるとしても、定型約款の内容を全て認識して相手方（顧客）も契約を締結するという事態は生じ

得ます。

　しかし、そのようなケースについても、定型約款を契約の内容とする旨の合意は常にされているものと考えられ、そうすると、新法第548条の2第1項の規定は適用され、さらに同条第2項も適用されることになります。

　新法第548条の2第2項の規定は、これまでの裁判実務を踏まえつつ、定型約款の個別の条項の効力を争う枠組みを法定したものですから、定型約款の条項の効力については、相手方の認識等を問わないで、この規定によって一元的に処理することとするのが、明確性や安定性の観点から、合理的であると考えられますので、このような整理には合理性があると考えられます。

　もっとも、新法第548条の2第2項の規定への具体的な当てはめにおいては、当事者が定型約款の個別の条項の内容を全て認識していたことは、信義則に反するか否かの判断に当たって考慮されることになります(注)。

　(注)　その結果、不意打ち的な要素の存在を理由に信義則違反があったと評価することは困難になりますから、飽くまでも内容面の不当性を理由に信義則違反を審査することになります。

Q43
不当条項の該当性の判断基準を「第一条第二項に規定する基本原則」(信義則)としていますが、公序良俗(新法第90条)と比べるとどのような違いがありますか。

A

1　不当条項規制の内容

　新法においては、その内容において不当な条項の効力を否定するための明文の規定を設け、その際の判断基準としては、民法の基本原則の中でも当事者間の公平の実現を目的とする信義則(新法第1条第2項)に反するかどうかを主要な要件として位置付けています(新法第548条の2第2項)。

　新法において信義則違反の有無を判断基準としたのは、現在の裁判実務では、条項の内容面における不当性のみに着目するのではなく、より広範な事情を考慮して条項の効力の有無が判断されており、このような裁判実務を明確化する観点からは、信義則という最も包括性・抽象性の高い指導的理念を基準とするのが適当であると考えられたからです。

2　公序良俗違反の有無を判断基準としなかった理由

　これに対し、改正法の立案の過程では、定型約款の個別の条項の効力については、公序良俗(新法第90条)に違反するか否かによって決するとすることも検討されました。

　もっとも、ある条項についての公序良俗違反の有無は、専ら合意された条項の内容の不当性に着目して判断されることになります。しかし、先に述べたように定型約款の個別の条項の効力の有無は、内容面の不当性のみに着目するのではなく、相手方がその条項の存在を明確に認識可能なものであったかなどの諸事情を加味して判断をするのが相当です[注]。

　また、公序良俗違反のルールは、合意の効力を否定するための法理ですから、合意の存在がその前提とされています。これに対し、定型約款に関する規律においては、個別条項についての合意が実際には存在していないことを前提として、法律によってどの範囲で合意を擬制するかが問題とされているため、ここで公序良俗違反を判断基準とするのは理論的にも難点がありました。

　そこで、公序良俗を判断基準とすることは適切ではないとされたものです。

　なお、一般に、信義則違反の有無を判断基準とするよりも、公序良俗違反の有無を基準とする方が契約の内容とならないとされる範囲が狭くなると理解されています。

　一般には、公序良俗違反となる法律行為の典型的な例としては、犯罪行為を依頼する合意や強行法規違反の合意のほか、暴利行為に該当する合意などに限定されますが、信義則に違反による効力等の否定は、取引の実態等も踏まえつつ、より柔軟に行われ得るといえるでしょう。

　（注）例えば、前掲 Q36・最判平成 17 年 12 月 16 日は、地方住宅供給公社と賃借人との間で締結された団地に係る賃貸借契約について、賃借人に通常損耗の原状回復義務を負わせる特約の効力が争われた事案において、（必ずしも信義則によって判断がされたものではありませんが）通常損耗に係る投下資本の減価の回収は、必要経費分を賃料の中に含ませてその支払を受けることにより行われているのであるから、賃借人にその原状回復義務を負わせる場合にはそのことが明確に合意されている必要があるとした上で、当該事案における合意形成の過程を検討し、地方住宅供給公社の説明会において、退去時の補修費用について、契約書別紙の負担区分表に基づいて負担することになる旨の説明はされたが、その負担区分表の個々の項目についての説明はされなかったということに照らしても、当該事案の下では、当該特約について明確な合意はなかったとして、その効力を否定しました。

Q44 定型約款の不当条項規制（新法第 548 条の 2 第 2 項）と消費者契約法第 10 条の不当条項規制とは、どのような関係にありますか。

A

1　前提

新法においては、定型約款の個別の条項のうち、相手方の権利を制限し、又は相手方の義務を加重する条項であって、信義則（新法第 1 条第 2 項）に反して相手方の利益を一方的に害すると認められるものについては、合意をしなかったものとみなすこととしています（新法第 548 条の 2 第 2 項）。

他方で、消費者と事業者との間の契約である消費者契約に適用される消費者契約法第 10 条は、消費者の権利を制限し、又は消費者の義務を加重する消費者契約の条項であって、信義則に反して消費者の利益を一方的に害するものは、無効とするとしています。

このように、新法第 548 条の 2 第 2 項と消費者契約法第 10 条とは、いずれも、契約の当事者の一方にとって不当な内容の契約条項の効力を認めないこととするものであり、かつ、その要件も類似しているようにみえますが、次のような相違点があると考えられます。

2　新法第 548 条の 2 第 2 項と消費者契約法第 10 条との違い

そもそも、定型約款に関する規定は、消費者と事業者との間の消費者契約に適用対象を限定していませんから、例えば、企業がコンピュータソフトウェアを購入し、ライセンス契約を締結した場合のように、その種の取引が定型取引に該当する限り、事業者間の取引であっても新法第 548 条の 2 は適用され得るものです[注]。

また、その要件の中でも最も主要な部分である信義則違反の有無の判断についても、新法においては、顧客である相手方が約款の個別の条項の内容を認識しないまま取引が行われるという定型取引の

特質が重視されることになるのに対し、消費者契約法第 10 条において
は、消費者と事業者との間に交渉力や情報等の格差があること
を踏まえて判断される点において、主たる考慮要素には違いがある
と考えられます。

　このように、新法第 548 条の 2 第 2 項と消費者契約法第 10 条と
は、適用範囲を異にするのみならず、その判断において重視すべき
考慮要素も異なり、導かれる結論に違いが生ずることがあり得るも
のと考えられます。

3　新法第 548 条の 2 第 2 項と消費者契約法第 10 条等の適用の先後関係

　なお、ある特定の契約条項について、新法第 548 条の 2 第 2 項と
消費者契約法第 10 条の両方の要件に該当する際には、当事者は両
者を選択的に主張することが可能であり、また、裁判所としてもこ
れを選択的に採用することが可能であると考えられます。

　すなわち、新法第 548 条の 2 第 2 項は、ある契約条項についての
合意の有無を定めるものであるのに対し、消費者契約法第 10 条は、
ある契約条項について合意が成立していることを前提とした上で当
該条項の有効性を判断するものであるということもできますが、そ
の法的な効果としては、いずれも、契約の拘束力を否定する点で異
なりませんので、まず新法第 548 条の 2 第 2 項の適用が問題となり、
その上で消費者契約法第 10 条の適用が問題となるといった関係に
はないと考えられます。したがって、裁判上、二つの主張がされた
場合に、まず新法第 548 条の 2 第 2 項の規定の適否を審理・判断す
る必要があるとまではいえないものと考えられます。

　また、新法第 548 条の 2 第 2 項の規定の適用がある場合には消費
者契約法第 10 条や第 12 条を適用することができない、などとその
適用を狭めるような解釈をする必要はないものと考えられます。

（注）このほか、事業者間契約において用いられる契約条項ではありますが、定型約款に該当する例については、Q13参照。

[定型約款の内容の表示]

Q45　定型約款の内容の表示請求に関する規定の内容は、どのようなものですか。

A　**1　表示請求の内容**

　　新法においては、定型取引を行い、又は行おうとする定型約款準備者は、定型取引合意の前又は定型取引合意の後相当の期間内に相手方（顧客）から請求があった場合には、遅滞なく、相当な方法でその定型約款の内容を示さなければならないとされています（新法第 548 条の 3 第 1 項本文）[注]。

　　これは、定型取引の当事者に定型約款の内容を知る権利を保障する観点から、定型約款準備者による定型約款の内容の表示義務を定めているものです。

　　また、取引の前だけでなく、取引後であっても表示義務が認められています。

　　飽くまでも、相手方（顧客）から請求をした場合に、定型約款の内容の表示義務が課されるものです。顧客から表示の方法や態様を指定することはできないのが前提ですが、定型約款準備者として顧客の求める方法で表示をすることとしても差支えはありません。

　　この表示請求があった場合には、定型約款の内容を全て表示する必要があり、重要事項のみを抜粋した説明資料を提供したとしても、定型約款準備者は義務を履行したことにはなりません。

　　もっとも、定型約款準備者の負担が過大になることを防ぐため、定型約款準備者が既に相手方に対して定型約款を記載した書面を交付し、又はその内容を記録した電磁的記録を提供していたときには、相手方の表示請求があっても、これに応ずる必要はありません（新法第 548 条の 3 第 1 項ただし書）。

2　取引の開始前における表示義務違反の効果

取引を開始する前に相手方から定型約款の表示請求がされていたにもかかわらず、定型約款準備者がこれを拒絶していた場合には、仮にその後に取引が行われたとしても、定型約款の個別の条項について合意をしたものとみなすという法的効果（新法第548条の2第1項）を付与することは適切ではありません。

そこで、この場合には、一時的な通信障害が発生した場合その他正当な事由がある場合を除き、定型約款の個別の条項について合意をしたものとはみなされません（新法第548条の3第2項）。

（注）ここでは、定型約款準備者に定型約款の内容の表示に関する民法上の義務が発生する根拠が定められているものです。もとより、この義務の範囲を超えて、積極的に定型約款の内容を顧客に表示していくことが適切であると考えられることも少なくないでしょう。また、各行政関係法規において、重要事項等について公法上の説明義務が課されることもありますが、そのような義務は民法の規定にかかわらず、引き続き事業者に課せられており、民法上の義務とは別に併存的に課せられるものと整理されることになります。なお、消費者契約法第3条第1項第3号が改正され、事業者の努力義務として、「民法（明治29年法律第89号）第548条の2第1項に規定する定型取引合意に該当する消費者契約の締結について勧誘をするに際しては、消費者が同項に規定する定型約款の内容を容易に知り得る状態に置く措置を講じているときを除き、消費者が同法第548条の3第1項に規定する請求を行うために必要な情報を提供すること」が定められました。

Q46

定型約款の内容の表示の請求を受けた場合に、定型約款が掲載されている自社のホームページを紹介することで、定型約款の内容の表示義務を果たしたといえますか。

A　新法においては、定型約款準備者は、相手方（顧客）から請求があった場合には、遅滞なく、「相当な方法」でその定型約款の内容を示さなければならないこととされています（新法第548 条の 3 第 1 項本文）。

　この「相当な方法」としては、まずは、定型約款を印刷した冊子を郵便等で送付するといった方法や、その電子データを電子メール等で送付する方法などが考えられます。また、定型約款を印刷した冊子などを顧客の面前で示すことなども当然にこれに該当します。

　このほか、実務では、顧客への情報提供の目的で、事業者が使用している定型約款を自社のホームページに掲載することがしばしば見られます。

　そして、このような事業者が新法第 548 条の 3 第 1 項の規定に基づく定型約款の表示の請求を受けた場合には、ホームページのURL を伝えるなどする[注1]ことも、「相当な方法」に該当します。

　他方で、定型約款の表示の請求をした者がインターネットでは閲覧することができないと述べているのに、請求を受けた事業者が、ホームページに定型約款を掲載しているとだけ答えて、具体的な案内を行わないような場合は、原則として新法第 548 条の 3 第 1 項所定の義務を履行したと評価することはできないと考えられます[注2]。

　（注 1）顧客からの請求に対して、URL を伝える方法としては、個別に書面や電子メールでその旨を伝達する方法だけでなく、コールセンターのオペレーターが電話越しに口答で伝えることでも足りると考えられます。また、URL を

伝える代わりに、当該 URL にたどり着くための適切な手順を誘導することでも
構いません。

　(注 2)　仮に URL を伝えられた者がインターネットを見ることができないに
もかかわらず、その旨を伝えなかったために、事前に約款を見ることができな
かった場合には、そもそも表示の請求をしていないといえることもあるほか、
定型約款準備者としては、相当な方法で内容を示したともいえるので、基本的
には、新法第 548 条の 3 第 2 項本文が適用されることはないと考えられます。

Q47 相手方に対して定型約款の内容を記録した電磁的記録を提供していたといえるためには、どのような行為が必要ですか。

A 　相手方（顧客）から請求があった場合には、定型約款準備者は、遅滞なく、「相当な方法」でその定型約款の内容を表示しなければなりませんが、定型約款準備者が既に相手方に対して定型約款を記載した書面を交付し、又はその内容を記録した電磁的記録を提供していたときは、改めて表示をすることは不要です（新法第 548 条の 3 第 1 項）。

　ここで、相手方（顧客）に対して「電磁的記録を提供していた」（新法第 548 条の 3 第 1 項ただし書）と評価することができるためには、顧客がそのデータを管理し、自由にその内容を確認することが可能な態様で提供行為が行われる必要があります。

　したがって、会社のホームページにアクセスすることで内容を確認することができる状態に置いていたといったことでは、この要件を満たすことになりません。典型的には、定型約款の内容を PDF ファイルとして保存し、これを CD-ROM に格納した上で顧客に送付するといった方法がこれに該当します。同様に、PDF ファイルを電子メール等で顧客に送信する方法もこれに該当すると考えられます。

Q48 顧客が定型約款の表示の請求をすることができる定型取引合意の後「相当の期間」は、どの程度のものですか。

A 　新法においては、定型取引の当事者である顧客に定型約款の内容を知る権利を保障するため、定型約款準備者は、相手方から請求があった場合には、遅滞なく、相当な方法でその定型約款の内容を示さなければならないこととしています（新法第548条の3第1項本文）。もっとも、定型取引合意の後、いつまでも定型約款の内容を示さなければならないとすると、定型約款準備者に過度の負担を課すおそれがあるため、この請求は定型取引合意の後「相当の期間」内にされる必要があるとしています。

　この「相当の期間」の具体的な意義は、個別の事案の具体的な状況に応じて判断されることになります。とはいえ、定型約款の内容を知る必要があるのは、約款を利用した取引に係る権利義務について紛争が生ずるケースですから、一般的な消滅時効期間を踏まえても最終の取引時から5年程度は顧客からの表示請求に対応する必要があるものと考えられます^(注)。

　なお、定型取引の当事者である顧客に定型約款の内容を知る権利を保障する観点からは、契約が継続的なものである場合には、契約が継続している間は当然にこの請求をすることができ、さらに、終了から一定の期間についても相当の期間が経過していないものとして請求が可能であるものと考えられます。

（注）当然ながら、請求をした顧客が実際に署名するなどした契約書を示すといったことは要求されていません。また、電子データの形で保存をしておいた上で、適宜、これを電子的に顧客に送信し、あるいは印刷した書面を顧客に示すといった対応が想定されています。したがって、取引が終了した後も定型約款

を保存しておく必要があるとしても、定型約款準備者に大きな負担を課すものではないと考えられます。なお、顧客に対して定型約款の内容を記録した電磁的記録を提供したと評価されれば、それ以降は表示義務を免れることになります（**Q47** 参照）。

Q49　定型約款の内容を表示するために必要な費用を顧客から徴求することができますか。

A　顧客からの請求に応じて定型約款の内容を表示する法律上の義務を定型約款準備者は負っていることからすれば、その費用は基本的に定型約款準備者が負担すべきです（新法第485条本文参照）。

　もっとも、顧客からの表示の請求に対しては、「相当な方法」で表示をすることが求められているにすぎませんから（Q46参照）、定型約款準備者は、費用対効果を考慮しながら、「相当な方法」の範囲で表示の方法を定めることは可能です。

　また、その費用を顧客に負担させる旨の特約を締結することは許容されると考えられますが、これを定型約款中に単純に定めるだけでは不意打ち的な要素が強いと考えられますので、別途、その条項を顧客に明示して顧客に費用負担の定めがあることを理解させておかなくてはならないものと考えられます。

Q50 定型約款の変更が行われていた場合には、相手方からの定型約款の内容の表示請求に対していつの時点の定型約款を表示することになりますか。

A 　定型約款の表示請求（新法第548条の3第1項本文）があった場合において、その請求前に定型約款の変更が行われ、その効力が生じていたときには、その表示請求の時点の（すなわち、変更後の）定型約款の内容を表示することになります[注1]。

　当然ながら、複数回の変更が行われていた場合には、それらを踏まえた最新の内容の定型約款を表示する義務を負うことになります[注2]。

　なお、その表示の方法としては、数次の変更の内容を全て溶け込ませたものを請求時点の定型約款として表示することが簡便ですが、例えば、当初の定型約款と変更内容部分のみを示したもの（例えば、新旧対照表を利用するなど）とを併せて示すことも許容されると考えられます。

　（注1）大量の定型取引が行われる場合には、ある顧客Aとの個別の取引は既に終了しているものの、引き続きその他の顧客との間で定型取引が行われ、定型約款の内容も変更されていることがあり得ます。このようなケースにおいて、その顧客Aから表示の請求があった場合には、その顧客Aに適用された最終（最新）の内容の定型約款を表示することになります。

　（注2）なお、特定の時点における取引内容について紛争が生じた場合等に、顧客から、その特定の時点における定型約款の内容の表示を求められることがあり得ます。定型約款が変更された場合には、その都度、変更内容が周知されることになっているため（新法第548条の4第2項）、新法第548条の3の規定は、請求の時点における定型約款の内容を知る権利を顧客に保障するものと解すれば足りるはずであり、特定の時点を指定した表示の請求に応ずる義務が同条の規定によって課されているものとは考え難いところです。とはいえ、定型約款準備者には取引当事者としての契約又は信義則上の開示義務が認められること

も少なくないと考えられますので（最判平成 17 年 7 月 19 日民集 59 巻 6 号
1783 頁、最判平成 21 年 1 月 22 日民集 63 巻 1 号 228 頁参照）、請求に応ずるこ
ととするのが望ましいと考えられます。

Q51 定型取引合意の後に定型約款の内容の表示請求が
された が、定型約款準備者がその表示請求に応じな
かったときは、相手方は定型約款準備者に対してそ
のことを理由としてどのような請求をすることが
可能でしょうか。

A 　定型約款の内容の表示請求（新法第548条の3第1項本文）
をした相手方（顧客）は、定型約款準備者に対し、定型約款
の内容の表示の強制的な履行を裁判所に請求することができます。
　また、このほか、その債務の不履行による損害賠償を定型約款準
備者に請求することができます（新法第415条）^(注)。

　（注）なお、理論的には、定型取引合意の前の表示請求が拒絶された場合にも、
同様に、相手方（顧客）は、定型約款準備者に対して、定型約款の内容の表示債
務の強制的な履行を請求することができるほか、その不履行による損害賠償請
求をすることが可能です。しかし、この場合には、そもそも定型約款が契約の内
容とはならない以上（新法第548条の3第2項）、このような請求をする実益に
乏しいといえます。

Q52 定型約款準備者が定型約款の内容の表示を「拒んだ」（新法第548条の3第2項）場合には、その契約の効力はどのようなものになるのですか。

A 　定型取引を行おうとする定型約款準備者が、取引を開始する前（定型取引合意の前）に定型約款の内容の表示を請求されたにもかかわらず、これを拒絶していた場合には、定型約款の条項について、新法第548条の2第1項の規定による合意の擬制の効果が付与されません（新法第548条の3第2項）。

　これは、特に取引を行う前には、取引を行うか否かの判断に当たって、契約の内容とみなされる定型約款の内容を知ることが重要であることに鑑み、定型約款準備者が義務を履行しなかったために内容を知る機会が失われた以上、定型約款準備者に対して一定のサンクションを課すこととしたものです。

　そして、定型約款の個別の条項について合意があったものとみなされないことになる結果、契約の重要な部分が失われると、その契約は全体として無効となると解されます(注)。

　以上に対して、取引を開始した後に定型約款の内容の表示を拒絶したとしても、このような効果は発生しません（なお、Q51参照）。

　（注）なお、この規定は、顧客である相手方の保護のための規定であるため、契約の不成立を主張することができる者は基本的に相手方に限定されるものと解されます。そして、相手方が、表示請求を拒まれたものの、定型約款準備者が表示請求に応ずる義務に違反したことを宥恕し、新法第548条の2の規定が適用されることを認めて契約を締結することもあり得ます。この場合にも定型約款による契約は成立しますが、定型取引合意の後にされた内容の表示請求が拒絶された場合と同様の効果の発生が問題となり得ます（Q51参照）。

Q53
定型約款準備者が定型約款の内容の表示の請求を「拒んだ」（新法第548条の3第2項）とは、どのような場合をいうのですか。

A

1　表示の請求の「拒絶」

　定型約款の内容の表示を「拒んだ」場合には、定型約款準備者が明示的に定型約款の表示を拒んだ場合のみならず、表示の請求を受けたとの認識を有しているにもかかわらず、相当の期間を経過しても何の回答もしていない場合のように、拒絶の意思を明示してはいないものの、定型約款準備者の対応状況から拒絶していると評価することができる場合も含むものです。

　もちろん、表示の請求に対して、「すぐに対応する」旨を表明しつつ相当の期間が経過してしまったといったケースも含みます。

　このほか、定型約款の内容の表示を請求されたにもかかわらず、重要事項説明書を交付するなどに止め、定型約款の内容の全部を表示しない対応をとった場合も、表示の義務を果たしたとはいうことができませんから、「拒んだ」場合に該当することになります(注)。

2　実務上の留意点

　定型取引合意の前の表示の請求に関して、表示自体が行われないままに定型取引合意に至るというケースがあり得ます。この場合には、顧客としては、表示の請求を撤回して定型取引合意をすることもあり得ますが、そのような意思が認定できないことも考えられ、その場合には、結局のところ、定型約款準備者が表示を「拒んだ」とみるほかないことも想定されます。そこで、定型約款準備者としては、顧客に対して表示の請求を撤回する趣旨であるか否かを確認し、その意思が明瞭でない場合には、表示をするまでの間、定型取引合意をしないという対応をすることが望ましいことになります。

（注）なお、顧客から重要事項説明書の交付を請求された場合については、新法第548条の3第1項の規定に基づく定型約款の内容の表示の請求は、そもそもされていないと認めるべきものと考えられます。もっとも、顧客との間での事後的なトラブルを回避する観点からは、顧客の意向をよく確認しておく必要があります。

Q54　定型約款準備者が定型約款の内容の表示の請求を拒絶することに「正当な事由」（新法第548条の3第2項ただし書）があるケースとしては、どのようなものが考えられますか。

A　定型取引を行おうとする定型約款準備者が、取引を開始する前に定型約款の内容の表示を請求されたにもかかわらず、これを拒絶していた場合には、定型約款の条項について、新法第548条の2第1項の規定によって合意があったとみなす効果が付与されませんが、そのことについて正当な事由があるのであれば、合意があったものとみなされます（新法第548条の3第2項）。

　この正当な事由としては、法文上「一時的な通信障害が発生した」ことが挙げられていますが、これは通信障害が発生していたために、適時に定型約款の内容を表示することができなかったが、そのまま定型取引が行われたケースなどが想定されています。もちろん、停電等を理由とした一般的な通信障害のほか、自社のホームページを利用した定型約款の表示を想定していたが、実際には、そのホームページに一時的な障害が発生していたといったケースも、事情によっては「正当な事由」に該当し得ると考えられます。

Q55

定型約款の内容の表示についての顧客の権利について、あらかじめ合意をしておくことで排除することは可能ですか。また、表示の請求の方法や、表示の具体的な実施方法を定型約款準備者が定めておくことはできますか。

A

1　表示に関する顧客の権利を排除する合意の可否

定型約款の内容の表示に関する権利は、定型約款を利用した取引を行う顧客の利益を守るために付与されていることから、その権利をはく奪するような合意は、許されないものと考えられます[注1]。

2　表示の請求の方法に関する合意の可否

他方で、表示の請求が可能であることは前提としつつ、その方法について、表示請求があった事実やその日時を証拠化する目的で、定型約款中に、「顧客は、表示の請求をするときは、書面でしなければならない」旨の条項を設けることはその目的も合理的であり、顧客の負担も大きくはないことから、有効であると考えられます（新法第548条の2第2項により不当条項として効力が否定される可能性も低いものと考えられます。）。そして、このような条項について合意がされた場合には、書面によらずにされた表示の請求は、新法第548条の3第1項に基づく表示の請求には当たらないことになります[注2][注3]。

3　表示の具体的な実施方法に関する合意の可否

これに対し、表示の具体的な実施方法に関する合意については、例えば、「相当」と考えられる表示の方法の範囲内において、どのような方法によるのかをあらかじめ定型約款準備者が定型約款中に定めておくことも許容されると考えられます[注4]。

　（注1）したがって、新法第548条の3の規定は全体として合意によって適用を排除することはできない規定（強行規定）であると解することになります。

　（注2）例えば、「顧客は、表示の請求をするときは、当社所定の書式によってしなければならない」とする条項を定型約款中に設けていた場合には、その書式以外の書面でされた請求を拒むことも許容されることになります。もっとも、顧客が提出した書面でも、記載された情報によって所定の書式によることを要求した目的を十分に達することができると考えられるケースなどでは、新法第548条の3第1項に基づく表示の請求と扱われ、これを拒むことには「正当な事由」がないと判断される可能性はあると考えられます。

　（注3）表示の請求の方法を限定することができるのは、本文記載のような合意がある場合に限られます。定型取引合意の前に、定型約款準備者側が、表示の請求の方法を一方的に特定の方法に指定し、それ以外の方法による表示の請求を拒むという対応は許されないと考えられます。

　（注4）定型約款中に定められた方法によって表示したとしても、その表示の方法が必ず「相当」であったと判断されるわけではありません。

［定型約款の変更］

Q56 定型約款の変更をすると、どのような効果が発生するのですか。

A 定型約款を利用して締結された契約は一定の期間にわたって契約関係が継続するものも多いですが、定型約款には詳細かつ多数の条項が定められているのが通常であるため、法令の変更等や経済環境の変動等に対応して定型約款の内容を変更する必要が生ずることが少なくありません。

　もっとも、これは契約の変更に当たるため、民法の一般的な理論によれば相手方の同意を要しますが、定型約款を用いる不特定多数を相手方とする取引では、相手方の所在の把握が困難である場合があり、仮に所在の把握が可能であっても相手方の同意を得るのに多大な時間やコストを要することがあります。また、一部の相手方に何らかの理由で変更を拒否された場合には、定型約款を利用する目的である契約内容の画一性を維持することができなくなるという問題も生じます。

　そのため、新法は、定型約款の変更という制度を設けています（新法第548条の4）。

　民法所定の要件を満たして定型約款の変更を行った場合には、その定型約款に基づいて締結された契約について、個々の相手方（顧客）の個別の同意を要することなく、契約の内容を変更することができます。

Q57　定型約款を変更するための実体的・手続的要件は、どのようなものですか。

　定型約款の変更については、実体的な要件と手続的な要件が置かれています。

　まず、実体的な要件としては、その定型約款の変更が、①「相手方の一般の利益に適合する」か、②「契約をした目的に反せず、かつ、……変更に係る事情に照らして合理的なものである」かのいずれかでなければなりません（新法第548条の4第1項）。

　また、その手続的な要件として、定型約款準備者は、定型約款の変更をするときは、その効力発生時期を定めなければならず、その上で、(i)定型約款を変更する旨、(ii)変更後の定型約款の内容、(iii)効力発生時期をインターネットを利用するなど適切な方法によって相手方（顧客）に周知しなければならないとされています（新法第548条の4第2項）。加えて、上記の②の要件に基づく変更については、効力発生時期が到来するまでに(i)～(iii)の周知をしなければならず、効力発生時までに周知が完了していなければその定型約款の変更は効力を生じません（同条第3項）。

Q58 定型約款を変更するための実体的な要件は、具体的には、どのようなものですか。顧客に有利な変更とそうではない変更とで、どのように要件は異なるのですか。

A   1 定型約款の変更の実体的要件

新法では、「定型約款の変更」の実体的要件として、定型約款の変更が、①「相手方の一般の利益に適合する」か、②「契約をした目的に反せず、かつ、……変更に係る事情に照らして合理的なものである」かのいずれかでなければならないとしています（新法第548条の4第1項）。

2 相手方（顧客）に有利な変更（新法第548条の4第1項第1号）

①「相手方の一般の利益に適合するとき」であっても、民法の一般的な理論によれば、契約の変更には相手方の同意を要しますが、この場合には、通常、相手方が変更に同意するといえることを踏まえ、定型約款の変更を広く許容しています。例えば、顧客が支払うべき利用料の減額のケースや、定型約款準備者が提供するサービスの内容を顧客の金銭負担は増やさずに拡充するケースなどが想定されます。

「一般の利益に適合する」ということですから、一部の顧客には不利益を及ぼすといったものは、ここには含まれません[注]。

3 相手方（顧客）に有利といえない変更（新法第548条の4第1項第2号）

(1) 必ずしも相手方の一般の利益に適合するとはいえず、場合によっては相手方に不利益を生じさせるとしても（顧客の一部にのみ不

利益が生ずる場合も含まれます。)、定型約款を変更する必要性が生ずることがあります。

　このような変更については、利益変更と比較してより厳格な要件が定められています。

　⑵　第1に、契約目的に反することとなるような変更は認めることができないため、「契約をした目的」に反しないことが必要です。なお、この「契約をした目的」とは、相手方の主観的な意図を意味するのではなく、契約の両当事者で共有された当該契約の目的を意味するものです。

　⑶　第2に、変更に係る事情に照らして変更が「合理的なもの」であることが必要です。

　「合理的なもの」であるか否かの判断においては、定型約款準備者にとってそのような変更をすることが合理的であるかどうかではなく、客観的にみて、当該変更が合理的であるといえるかどうかが問題とされます。

　その考慮事情としては、条文上、「変更の必要性、変更後の内容の相当性、この条の規定により定型約款の変更をすることがある旨の定めの有無及びその内容」が具体的に例示されています。

　ア　「変更の必要性」

　定型約款準備者においてなぜ定型約款の変更を行う必要が生じたかが考慮されます。例えば、法令が変更されたことによってそれに対応する規定を追加することや、経済情勢が変動したことに伴って対価やサービス内容についての変更の必要が生じることが想定されます。このほか、取引やサービスの内容との対比において顧客の連絡先の把握・管理のコストや顧客への通知費用が過大に過ぎるといった、顧客から個別の同意を取ることが困難である事情も考慮さ

れます。

　イ　「変更後の内容の相当性」

　変更された条項の内容が変更が必要となった事情に照らして適切な内容となっているのか、過剰なものとなっていないかなどが考慮されます。複数の選択肢のうちで顧客の不利益が最も小さいものであることとか、他に取り得る方法がないといったことが要求されるわけではないと考えられますが、相手方（顧客）に与える不利益の内容などとの相関的な判断が求められるものと解されます。

　ウ　「この条の規定により定型約款の変更をすることがある旨の定めの有無及びその内容」

　単に「定型約款の変更をすることがあり得る」旨を定めただけではさしたる意味はなく、より具体的に変更の条件や手続が定められていた場合に、そのことが定型約款の変更を「合理的なもの」と認める積極的な事情として考慮されます（Q60参照）。

　エ　「その他の変更に係る事情」

　その他の変更の合理性を判断するに当たって参考となる様々な事情が考慮されます。

　特に、変更によって相手方が受ける不利益の程度や性質を前提としつつ、その不利益を軽減する措置が取られているかなどが重要な要素として考慮されることが想定されています。例えば、変更後の契約内容に拘束されることを望まない相手方に対して契約を解除する権利を付与することや、変更の効力が発生するまでに猶予期間を設けることなどは、相手方の不利益を軽減する措置と評価することができますから、定型約款の変更を「合理的なもの」と認める方向で斟酌されることになります（Q61参照）。仮に一部の顧客についてのみ特に不利益が生ずるという場合には、その顧客についての不利益が軽減されるかどうかが考慮されます。

　（注）「利益」に適合するか否かは客観的に判断されるため、ある顧客にとっては主観的に意味があるといったことや、ある顧客が主観的な事情によってその変更を望まないことは、基本的には、考慮されないものと考えられます。

Q59

定型約款の変更は、例えば、どのようなケースですることができますか。対価やサービス内容等を定めた条項についても、定型約款の変更によって、変更することができるのですか。

A 　当事者間で契約締結の前提としていた定型約款中の条項の変更が必要となる事情は、実際の取引においては、極めて広範にわたり得ます。

いわゆる本人確認の厳格化に伴う定型約款中の規定の見直しや、暴力団排除の取組の観点からの関係条項の整備など、法令の変更等を理由とする社会の要請に応える観点からのものもあれば、経済環境の変動や当該取引に関する実情の変化といった、その取引に直結する事情の変更に伴うものなどもあり、このような観点からは付帯サービスの見直し、経営環境の悪化に伴う顧客サービスとしての付与ポイントの切下げ、経済状況に応じた利用料の増減額などがあり得ます。

そのため、新法における定型約款の変更が可能な条項の範囲については、これを列挙するといった方式や、一定の範囲の契約条項についてのみ変更を可能とするといった方式はとられていません。

その結果、付帯サービスなど、顧客にとってもそれほど重要なものと考慮されていないような条項[注1]や、事業者との間での提出書面など手続的事項を定めた条項だけでなく、例えば、当該契約において支払うべき対価（利用料など）を定めた規定や、提供すべき本体的サービスの内容にかかわる規定（中心条項）についても、定型約款の変更は可能であることとされています。

もっとも、例えば、対価の変更についていえば、利用料の値下げなど顧客に有利な変更についてはこれを広く許容することが可能であるのに対し（Q58の2のとおり、顧客に有利な変更については要件が

緩和されています。）、利用料の値上げについては、一般論として、これに比べて極めて厳格な要件の下で審査がされることになります[注2]（**Q58**の**3**参照）。

　また、付帯サービスといっても、例えば、多額のポイントが付与されており、その多寡が顧客にとって取引の相手方を選択する重要な考慮要素となっている場合については、対価と同様の要件の審査が必要になることもあると考えられます。

　（注1）新法施行前の裁判例（東京地判平成28年10月7日（Westlaw Japan文献番号2016WLJPCA10078011））では、クレジットカードの利用金額に応じて付与されるポイントを航空会社の付与するポイントであるマイルに移行するサービスを受けるために必要な手数料を一方的に値上げした変更の効力が争われたところ、変更の対象となったポイントプログラムがクレジットカード契約の付帯サービスとしての性質を有するものであるとして、クレジットカード契約に影響を及ぼさない限り、広範な裁量をもって付帯サービスの内容に関する変更を行うことができる旨判示されています（なお、控訴審である東京高判平成29年2月22日（Westlaw Japan文献番号2017WLJPCA02226015）は結論を維持していますが、このような一般的な説示は行っていません。付帯サービスといっても、本文記載のとおり、取引の実情に照らすと対価と同様の審査が必要なものもあることから、慎重な判断が必要になります。）。

　（注2）その際の判断の基準は、料金の値上げが必要になる取引類型が多様なものとなっているため、一概にいうことはできませんが、例えば、次のように考えることができると思われます。

　まず、一回的な取引についての事後的な値上げについては、基本的に極めて厳しく審査がされます。その必要性についても厳しく問われることは当然ですし、顧客に対してその不利益を完全に回避する措置を選択可能にすることが必要になるものと考えられ、極めて厳しい審査が行われるものと思われます。契約期間の定めがある場合に当該契約期間内の値上げを行う場合も、同様に厳しい審査の対象になると考えられます。

　また、契約期間の定めがないか、契約期間の定めはあっても次期以降の契約期間についてのみ料金の値上げを行い、当期は据え置きにするといったものである場合には、値上げは将来的なものといえ、契約の継続を望まない顧客とし

ては、その契約を解消し、他のサービス提供者に変更するといった対応が一般的に可能であると考えられるので、変更の開始時期までに一定の猶予期間が設けられ、かつ、顧客にはその猶予期間内に特段の不利益なく取引を解消する権利が認められるといった配慮がされることで、「合理的なもの」と認められることがあるものと考えられます。また、その審査の際には、値上げの必要性や、値上げ幅の相当性が吟味されるほか（仮に利益率が向上したとしても、そのことで直ちに値上げ幅の相当性が否定されるものではないと考えられます。）、他のサービス提供者に乗り換えることについて実際上の不利益がどの程度のものであるか、値上げに関して認可を受ける等の行政的なプロセスが行われていることなども参酌されることになります。

Q60　定型約款中に定型約款の変更をすることがある旨の定め（変更条項）を設けておくことには、どのような意味がありますか。

A　旧法下においては、約款中に設けられた一方的な変更をすることがある旨の条項（以下この種の条項を「変更条項」と総称します。）を根拠にして、約款の一方的な変更が行われる事例もありました。

　新法においては、このような変更条項を根拠とした定型約款の変更が当然に許容されるという前提を取っておらず、すべて新法第548条の4の規定の枠内で定型約款の変更が行われます(注)。

　もっとも、定型約款中に将来の定型約款の変更があり得る旨が具体的に定められていることについては、定型約款変更の合理性の判断において考慮されるものと位置付けられています（Q61参照）。

　逆に、変更条項が定型約款中に設けられていなくとも、定型約款の変更が認められる余地があります。

（注）このため、例えば、定型約款中に「当社所定の手数料を支払うものとします」との条項が含まれていたとしても、定型約款準備者が当該手数料を自由に変更することはできないことになります（Q10参照）。

Q61 定型約款の変更をするに当たっては、どのようなことをしておくと、定型約款の変更が合理的なものと認められやすくなりますか。

A 　定型約款の変更をするに当たっては、様々な事情を総合的に考慮した結果、「合理的なもの」と認められる必要があります。その主要な考慮要素は、「変更の必要性」と「変更後の内容の相当性」であり、個別の事情に応じて、適切なものとされている必要があります（新法第548条の4第1項第2号）。

　このほか、例えば、以下のような配慮をしておくことで、定型約款の変更が「合理的なもの」と認められやすくなるものと考えられます。

1　適切な変更条項の設定

　定型約款を作成する段階において、将来の条項の変更が予測されるものについては、具体的な変更条項を設けておくことが考えられます。

　具体的には、変更条項において、定型約款の変更を将来行うことがある旨、変更を実施する条件、変更を実施するための手続などを具体的に定めておくことが考えられ、実際に、その内容に沿って定型約款の変更をする場合には、定型約款の変更の合理性を肯定する方向の事情として考慮されます。

　もちろん、詳細な条件まであらかじめ定めておくことは困難であると考えられますから、ある程度抽象的かつ概括的なものでも差支えはありません[注1]。

　これに対し、単に定型約款を変更することがある旨を規定しておくのみでは、合理性を肯定する事情として考慮することは困難であると考えられます。

2　相手方（顧客）に与える不利益の低減措置の検討

　定型約款の変更を現実に実施するという段階においては、変更後の定型約款の内容を前提に、その変更が相手方（顧客）に与える不利益の内容や程度を考慮し、その低減を図ることが考えられます。

　これは、変更後の定型約款の内容において顧客に与える不利益を小さいものとすることに尽きるものではなく、定型約款の変更の過渡期における顧客の不利益の軽減を図る趣旨のものであり、法改正における激変緩和措置に類似するものといえます。

　例えば、想定される変更の中でも、顧客に与える不利益が大きなものについては、その実施までに半年、1年といった猶予期間を設けることができれば、その間に顧客において変更に対応するための準備等を図る余地もできることから、変更の合理性が認められやすくなるものと考えられます。

　また、顧客側の一般的な対応として、そのような変更がされるのであれば、当該事業者とはこれ以上取引を継続せず、他社に乗り換えるといった判断がされることもあり得ますが、猶予期間があればその間に判断をすれば足りることになります。

　さらに、契約によっては、契約期間が設定されており、契約上一定期間の契約の継続が前提とされているものもあります。しかし、その場合にも、顧客に特別に解除権を付与することで、顧客の不利益を低減させることが可能です[注2]。

　このほか、通常の解除に当たっては、違約金の支払が必要となるものの、定型約款の変更に際して、一定期間に限ってはその支払を要しないとする場合には、より強く不利益の低減の効果が認められることになります。

　このような定型約款の変更によって生ずる顧客の不利益の低減措置を併せて講じておくことが、特に顧客にとって不利益な定型約款の変更を実施するに当たっては有益であるものと考えられます[注3]。

　（注1）なお、定型約款を利用した取引の相手方（顧客）は通常定型約款の個別の条項を事前に認識することはないのですから、いくら具体的なものであったとしても、変更条項を設けておくことに意味は見出し難いのではないかという指摘があり得ます。しかし、定型約款の具体的な内容を認識し、理解しようとする者もいること、予想される変更内容については定型約款に記載させるのが合理的な取引慣行の形成に資すると考えられること、そのような定型約款準備者の行動は取引上の信義則にかなう行動であることから、これを積極事情として考慮することとされたものです。

　（注2）顧客への解除権の付与による不利益の軽減を合理性の根拠とする場合には、さらに、解除権が付与されていることを含めて定型約款の変更に関する事情が十分に相手方（顧客）に情報提供されていることも要請されることがあり得ます。このようなことからすれば、顧客の大多数が高齢者で、インターネットを通じた広報では解除権が付与されていることが十分に認識されないという事案については、個別の書面による説明などが実施されない限り、定型約款の変更が認められないことがあり得ます。

　（注3）このほか、顧客に与える不利益の程度が大きな変更に関しては、顧客への説明がどの程度実効的に行われるかが考慮されることもあるものと解されます。顧客に対する周知は一般的に行われることが想定され、個別の顧客への具体的な周知は必ずしも要求されていませんが、不利益の程度が大きい場合には、そのリスクなどを顧客に個別に説明するなどの対応がとられることにより、顧客が変更に応じるか、それとも契約を継続しないこととするかの判断をより適切に行うことを期待することができるからです。

Q62　定型約款の変更をするに当たっての顧客に対する周知は、どのように行えばよいですか。

A　定型約款の変更をするに当たっては、定型約款準備者は、①定型約款を変更する旨、②変更後の定型約款の内容、③効力発生時期を周知する必要があります（新法第548条の4第2項）。

　この周知の方法は、インターネットを利用するなど「適切な方法」によってされる必要があります。一般的な周知の方法としては、変更の内容にもよりますが、必ずしも個別の顧客に対する書面による通知や電子メールによる通知に限らず、例えば、定型約款準備者の店舗や事業所におけるポスター等による周知といった方法も考えられます。しかし、現代社会においては、インターネットを利用した周知が一般的にはより効果的であると考えられることから、法律上もインターネットの利用が例示されています。

　インターネットを利用した周知としては、定型約款準備者のホームページにおいて適宜その旨を公表しておくことが考えられますが、変更の内容によっては、それを分かりやすくトップページに表示する、連絡の可能な顧客に対してはその旨を電子メール等で送信するといったことも考えられます。

　もちろん、個別に書面を送付するなどの方法も否定されるものではありません[注]。

　（注）なお、個別の合意がない限り、書面の送付に要する費用を顧客に負担させることはできないと解されます。

Q63 定型約款の変更の効力が発生するまでに、周知を行うことができなかった場合には、どのように取り扱われるのですか。

A 定型約款準備者は、定型約款の変更をするときは、その効力発生時期を定めなければならず、相手方（顧客）に対する周知は、顧客に有利な変更（新法第548条の4第1項第1号参照）でない限り、効力発生時期までに完了しておく必要があります（新法第548条の4第2項・第3項）。

　顧客に対する周知は、例えば、定型約款準備者のホームページへの掲載を想定すると、掲載後直ちに周知が完了したとは評価することができず、軽微な変更であれば数日で足りるでしょうが、そうでなければ数週間の掲載が必要になることもあると考えられます[注1]。

　他方で、「周知」は顧客全体を相手とした概念ですから、仮に、個別に通知で周知を実施したというケースにおいて、一部の顧客への通知が未了であったとしても、周知が完了したと認められることはあり得るものと考えられます（一部の顧客のみ通知を実施しなかったといったケースに関しては、個別の事情に応じて、債務不履行に基づく損害賠償義務（新法第415条）などが生じ得ると考えられます。）。

　効力発生日までに周知が完了していなかった場合には、要件を具備していないことから、その定型約款の変更は有効とはなりません[注2]。再度、効力発生時期を定めなおして周知を行うことが必要になります。

　（注1）顧客に対して個別に通知をした場合には、通知が完了し、顧客（上記のとおり、必ずしも全ての顧客である必要はありません。）が内容を確認したと期待される時点で周知がされたと評価することができると考えられます。他方で、ホームページへの掲載の方法をとる場合には、ある程度の期間にわたって

掲載がされ続けたところで周知がされたと評価されることになります。また、この期間は顧客が当該ホームページを閲覧する頻度が高いかどうかによっても変わってくるものと考えられます。周知の完了については、主張立証責任を負う定型約款準備者としては、顧客によるホームページの閲覧頻度のデータ等によって、ホームページへの掲載によって周知が完了したといえる期間を検討することも有益であると考えられます。さらには、定型約款が変更された場合には所定のホームページに掲載されることを約款中に定めておき、これを顧客に理解させておくことも、周知の期間を短縮する効果があるものと考えられます。

　（注2）周知が実際上完了した時点から定型約款の変更の効力が生ずるといった解釈はとることができません。

Q64 定型約款に該当しない契約を、一方当事者が契約の相手方の同意を得ることなく変更することはできますか。新法第548条の4と同様のルールに基づいて一方当事者が契約の変更をするといった合意は有効ですか。

A 定型約款に該当しない契約については、定型約款の変更に関する新法第548条の4は適用がなく、契約の一方的な変更がどのように許容されるかは解釈にゆだねられています。

しかし、いわゆるBtoB取引を前提とすると、基本的に、契約の個別の条項を認識せずに、契約が締結されることは少なく、少なくとも、それはその契約当事者がどのような内容であってもその効力を引き受ける実質的な意思があるはずです（これに対して、定型取引については類型的にそのような意思に欠けています。）。

そうすると、定型約款と比較しても、契約の一方当事者による契約の変更を認める余地は大きいと考えられますから、例えば、新法第548条の4と同様のルールに基づいて一方当事者が契約の変更をするといった合意の有効性は基本的に認められるものと考えられます。

Q65 当事者間で事前に、新法第548条の4とは別のルールに基づいて定型約款の変更をする旨を合意することはできますか。また、定型約款の変更を一切しないという事前の合意は有効ですか。

A 新法第548条の4は、相手方（顧客）を保護することを目的とするものであるため、定型約款中に所定のルールと異なる取扱いをする旨の条項が置かれていたとしても、その効力がそのまま認められることはないと考えられます。また、定型取引合意をする際に、定型約款の変更を一定の条項に従って実施する旨を顧客全体に対して明瞭に説明し、明確な合意を得て定型取引合意をすることも考えられますが、同様に、これに基づく変更を直ちに認めることは行き過ぎであると考えられます[注]。

　もっとも、このような配慮は飽くまでも同意なく変更されることについての顧客の利益を保護しようとする趣旨のものであることから、定型約款の変更をしない方向での特約、例えば、定型約款の変更を一切行わないという特約については、有効であると認められ得るものと解されます。

[注] 定型約款の変更の合理性を肯定する方向の一事情として考慮するにとどめるべきであると解されます。

> **Q66** 定型約款を利用した契約について、事後的に、個別
> に顧客と合意をして、契約の内容を変更することは
> 可能ですか。

A　事後的に、個別に顧客と合意をして定型約款を利用した
契約の条項を変更することも否定はされていません。

　もっとも、定型約款は、その内容が画一的であることが合理的で
あると認められる取引ですから、個別に顧客と合意をすることに困
難を伴うことが少なくないものと想定されます。

　なお、定型約款準備者が、顧客と明示的に合意をすることなく、
定型約款の内容を変更した上で、「特段の申し出がない限り、変更後
の約款の内容に同意をしたものとみなします。」などと一方的に通
知することがあり得ますが、このような事情のみでは、顧客との間
で変更の合意が成立したと認定することはできないといわざるを得
ないものと考えられます。

[経過措置]

Q67　定型約款についての経過措置（改正法附則第33条）は、どのように適用されますか。

A　**1　新法下で締結された契約**

　定型約款に関する新法の規定は、新法下で締結された定型約款を利用した契約については、当然に適用されることを前提に、法律の条文上は、旧法の下で締結された契約に係る定型約款についても適用するとされています（改正法附則第33条第1項）。

　したがって、新法が施行される令和2年（2020年）4月1日以降に締結された契約については、定型約款の定義に該当する限り、当然ながら、新法第548条の2から第548条の4までの規定が適用されます[注1]。

2　旧法下で締結された契約（新法主義）

　これに対し、令和2年3月31日までの間に締結された契約（以下「旧法契約」といいます。）についても、原則として新法第548条の2から第548条の4までの規定は適用されます（新法主義）。

　したがって、新法施行後に定型約款の変更を行おうとする場合には、新法第548条の4の規定に従って行うことができます。

　また、旧法契約について新法施行前に既存契約の一方的な変更を行った場合に、その有効性が問題とされることがあり得ますが、その場合には、（必ずしも適用されるルールが明確なものとはいえませんが）旧法の規定に従ってその有効性は判断されます。この種の事象については、新法主義の原則の例外を定めた改正法附則第33条第1項ただし書が適用されることによるものです[注2]。

　なお、「旧法の規定によって生じた効力を妨げない」旨の規定は新法主義を定める経過措置において通例置かれるものであるところ、

その文言上は「旧法の規定によって生じた効力を妨げない」とする
ものの、旧法の規定では確定的に無効であったものについて新法で
有効とする余地があるのかは議論があります。しかし、このような
ケースについて、新法の適用によって有効とする余地を認めるもの
ではないと解すべきです。

　同様に、旧法下でされた定型約款を利用した契約の成立の可否や
個別の条項の拘束力の有無等が争われるケースについても、新法第
548条の2は適用せず、旧法の規定を適用して解決することになり
ます。

　これに対し、前述のとおり、旧法契約についての新法の施行後に
行う定型約款の変更については新法第548条の4が適用されます。
また、定型約款準備者が負う表示義務についても新法第548条の3
が適用されます。したがって、旧法契約について相手方（顧客）が施
行日後に定型約款の内容の表示の請求を定型約款準備者にした場合
には、定型約款準備者は同条第1項に基づく表示義務を負います（た
だし、契約締結後（定型取引合意後）の表示請求の部分に限られます。そ
のため、定型取引合意前の表示請求があった場合の効果について定める
同条第2項は適用の余地がありません。）。

　（注1）　定型約款に該当しないものについての適用関係については、Q21参照。
　（注2）　このような新法主義の経過措置が採用される場合には、旧法が適用さ
れたことによって既に効力が生じたものについても遡及的に新法の規定が適用
されることになるとすると、確定した権利関係に対する契約当事者の予測を害
することとなるため、旧法の規定によって生じた効力を妨げない旨の規定が設
けられることが一般的です（民法の一部を改正する法律（平成16年法律第147
号）附則第2条、会社法の一部を改正する法律（平成26年法律第90号）附則第
2条等）。

Q68　施行日前に締結された定型取引に係る契約の内容を施行日後に定型約款の変更により変更する場合に、変更条項の有無はどのように考慮されるのですか。

A　新法においては、変更条項の存在が定型約款の変更の合理性を肯定する方向の事情として考慮されることとされています（新法第 548 条の 4 第 1 項第 2 号）。このことは、定型取引に係る契約が施行日前に締結されたものについても同様です。

　もっとも、飽くまでもある程度具体的な変更の条件や手続が定められていることが必要です（**Q61** 参照）。

　旧法の下で「この約款は当社の都合で変更することがあります。」などと定型約款の変更をすることがあり得る旨を定めた条項が置かれるケースが多く見られますが、このような条項が設けられていても、そのことが有利に考慮されることはありません。

Q69 定型約款の経過措置に関する反対の意思表示（改正法附則第33条第2項）とは、どのようなものですか。また、どのような点に注意をする必要がありますか。

A 　定型約款に関する経過措置の内容はQ67に記載したとおりであり、特に旧法契約についても新法を適用する余地を認めている点に特色があります。

　もっとも、不明確な状態であったとはいえ、旧法の下で新法とは異なる規律が適用されることを具体的に想定していた当事者が存することも例外的にあり得ないではないことから、当事者の一方の自主的な判断により旧法契約について新法施行後も引き続き旧法のルールによることとする余地が認められており、他方当事者に対する（新法の適用についての）反対の意思表示として行われます（改正法附則第33条第2項）。他方当事者は新法の適用を受けたいと希望した場合であっても、一方当事者が旧法による旨を選択した場合には、その選択に従うこととなります。

　この意思表示は、平成30年（2018年）4月1日から令和2年（2020年）3月31日まですることができます（改正法附則第1条第2号、第33条第3項）。

　この意思表示は、定型約款準備者でも、相手方（顧客）でもそのいずれでもすることができますが、書面又は電磁的記録によってされなければなりません（改正法附則第33条第2項）。

　もっとも、このような配慮は、新法の適用を望まない当事者が解除、解約等により契約を終了させることができるのであれば、それで満たされており、それ以上に新法の適用を否定させるまでの必要性は乏しいと考えられます。そこで、新法が適用されることについて反対の意思を表示することができるのは、自己の意思に基づいて

定型約款に基づく契約関係から離脱する機会のない者に限定するため、「契約又は法律の規定により解除権を現に行使することができる者」は反対の意思を表示することができないとしています（改正法附則第33条第2項第一括弧書き部分）。

「契約又は法律の規定により解除権を現に行使することができる者」は、約定解除権又は債務不履行による解除権のみならず、任意解除権（新法第651条等）やそれ以外の法定解除権（商法第540条等）を現に行使することができる者を含みます。また、相手方当事者から合意解除の申入れがされているケースも含まれると解されます。さらに、文言上は単に「解除権」とされていますが、上記の趣旨に照らせば、解約権やその他の契約の終了（契約からの離脱）を生じさせる権限を広く含みます（Q71参照）。

定型約款に基づく契約において当初は約定の解除権が与えられていなかった相手方であっても、反対の意思を表示する時点において解除権が付与されていれば、「契約又は法律の規定により解除権を現に行使することができる者」に当たると考えられます。

Q70　定型約款の経過措置に関する反対の意思表示（改正法附則第33条第2項）をして旧法を適用することとした場合には、どのようなルールが適用されるのですか。

A　新法の適用についての反対の意思表示をした場合には、旧法についてのルールが適用されることになりますが（改正法附則第33条第2項）、約款に関する規定には欠ける状態であることから、意思表示に関する規定や契約の締結に関する規定などを前提としつつ、解釈論を展開することになるものと考えられます。

　旧法下における約款をめぐる解釈は実務的には極めて不透明な状況にありますが、近時、約款の変更についての裁判例（前掲第1編第21・福岡高判平成28年10月4日、東京地判平成28年5月18日金法2050号77頁）がみられるなどしています。

> **Q71** 反対の意思表示をすることができない「契約又は法律の規定により解除権を現に行使することができる者」（改正法附則第33条第2項第一括弧書き部分）には、具体的にどのような者が含まれるのですか。解除権を行使することはできるが、違約金を支払う必要がある場合はどうですか。

A　新法の適用についての反対の意思表示は、新法の適用を望まない契約当事者の意思を尊重するものですが、他方で、旧法下での約款の規律は極めて不透明であったことから、このような一方当事者への配慮は、その当事者が解除、解約等により契約を終了させることができるのであれば、それで満たされているともいうことができ、それ以上に新法の適用を否定させるまでの必要性には乏しいと考えられます。

　そのため、反対の意思表示は、自己の意思に基づいて定型約款に基づく契約関係から離脱する機会のある、「契約又は法律の規定により解除権を現に行使することができる者」には認められていません（改正法附則第33条第2項第一括弧書き部分）。

　このような趣旨に基づくものですので、「契約又は法律の規定により解除権を現に行使することができる者」には、約定解除権又は債務不履行による解除権のみならず、任意解除権（新法第651条等）やそれ以外の法定解除権（商法第540条等）を現に行使することができる者は広く含まれます（なお、Q72参照）。

　さらに、文言上は単に「解除権」とされていますが、前記の趣旨に照らせば、「解約権」やその他の契約の終了（契約からの離脱）を生じさせる権限（例えば、信託の終了の権限や、定期預金についての期限前解約の請求(注)など）を広く含むものと解されます。

　なお、解除権等を行使した者が解除によって生じた損害を賠償し

なければならないとされていても、なお「解除権を現に行使することができる者」に含まれることを前提としています。もっとも、例えば、合理的な清算額を超える違約金を支払わなければ解除権等を行使し得ないようなケースについては、事実上自己の意思に基づいて契約関係から離脱することが保障されていないものとして、例外的に「解除権を現に行使することができる者」には当たらないとされることがあるものと考えられます。

　なお、ある時点において解除権等を有していたが、施行日までの間にその解除権等が失われたのであれば、解除権等が失われた後におけるその者の反対の意思表示には効力を認めるのが適切でしょう。

　（注）定期預金については、預金規定上、銀行の承諾がない限り、期限前解約することができないとされているのが一般的ですが、実際上は、債権保全の必要がある場合のような特段の事情がない限り、期限前解約の請求があれば、これに応ずる取引慣行が確立されているといわれています。このような事情があることを踏まえれば、定期預金についても、改正法附則第33条第2項との関係においては、顧客である預金者には「解除権」があると扱ってよいと考えられます。

Q72　定型約款準備者が顧客に対して、解除権を付与する申入れをした場合には、その顧客は「解除権を現に行使することができる者」（改正法附則第33条第2項第一括弧書き部分）に該当しますか。

A

1　事後的な解除権付与の申入れがされた場合

　顧客が解除権を有し、それを現に行使することができる場合には、その顧客は反対の意思表示をすることができません（改正法附則第33条第2項第一括弧書き部分）。

　この解除権は契約上当初から付与されていることは必要でないため、事後的に顧客に約定解除権が与えられた場合も含まれると解されます。したがって、反対の意思表示が現にされる時点において、相手方に解除権が与えられていれば、反対の意思表示は効力を生じないことになります。

　同様に、定型約款準備者から合意解除の申入れがされており、いつでも契約の解除をすることができる立場に置かれている顧客も、現に契約を終了させる権限を有しているといえますから、「解除権を現に行使することができる者」に含まれると解されます。

2　反対の意思表示後に解除権を付与することの可否

　なお、実際には新法が適用されるのは施行日以後ですから、厳密に解除権の有無の基準時を解釈するまでの必要はないものと解されますが、反対の意思表示がされる時点を一応の基準時とし、その時点で解除権がないのであれば、基本的には、その反対の意思表示は効力を生ずるものと考えられます。もっとも、顧客が不特定多数の者であり、その連絡先等の把握も困難であるというケースについては、顧客に解除権を付与することも困難なことが想定されますが、そのようなケースについては、例えば、新法の適用に反対するので

あれば、契約の解除に応ずる旨を周知しておき、反対の意思表示が
実際にされた時点で遅滞なくその旨を伝えることで、反対の意思表
示をした顧客を「解除権を現に行使することができる者」であった
ものと扱っても差し支えないものと考えられます。

第3編

議論の経緯解説

第3　定型約款に関する規定に関する議論の経緯

1　はじめに

　改正法は、「定型約款」に関する規定を新設しているが（新法第548条の2から第548条の4まで）、その立案過程では、現状でも実務において特段の不都合は生じていないとして規定を新設する必要性に疑問を示す意見や、民法に約款に関する規定を設けることで、現在行われている約款を用いた多くの取引に規制的要素が持ち込まれることを強く懸念する意見などが主張されたため、約款に関する規定の新設の要否については賛否両論の立場から議論が激しく対立した。

　また、民法中に約款に関してどのような内容の規律を設けるか否かについても立場は分かれ、消費者保護の観点からのルールを設けるべきであるとの立場と民法に消費者保護的要素を持ち込むことに反対する立場とが対立するなどした。民法（債権関係）部会では、このような意見対立を踏まえながらも、約款が立案当時の取引実務において果たしている取引の迅速・円滑化の機能を肯定的に評価した上で、そのような取引実態が阻害されないように慎重に配慮をする一方で、約款に関して用意すべき立案当時の民法には存在しない特別な規定としてどのようなものが必要となるかを、約款を準備する事業者の観点だけでなく、その取引相手（顧客）の観点からも精査することとされ、最終案に至るまで多数回にわたって大・小様々な修正案が審議の俎上に載せられることとなった。立案当時の取引実務の実態と乖離させない観点からの修正が加えられながらも[注1]、顧客の合理的な利益が損なわれることへの懸念からの再修正が施され

るなど、両者のバランスを取ることに細心の注意が払われた。その
ような審議が続けられていたため、平成 26 年（2014 年）8 月に実質
的な改正内容を固める目的で決定された「民法（債権関係）の改正に
関する要綱仮案」[注2]においても、約款に関する項目のみが保留され、
引き続き審議が継続されるという特別な取扱いがされたが、最終的
には、「定型約款」に関する規律として「民法（債権関係）の改正に
関する要綱案」に盛り込まれることとなった。

　改正法の規定の趣旨の理解・解釈に当たっては、その審議の経過
を振り返ることも有益であると考えられることから、主要な検討項
目についての議論の推移を紹介する。

　（注1）部会資料 75B・8 頁。
　（注2）この要綱仮案は、最終的な要綱案の決定に先立って、この要綱仮案の
決定をもって実質的な改正内容を固め、条文化作業や経過措置の検討等を進め
ておくことで、その検討過程で新たな問題が判明するなどした場合に、これに
ついて民法（債権関係）部会で再検討を行うことを可能とすることを目的とし
て、民法（債権関係）部会第 96 回会議において決定されたものであった。

2　立案過程における議論の経緯

(1)　定義

　民法に新設する約款に関する規定の適用範囲について、当初は、
「多数の契約に用いるためにあらかじめ定式化された契約条項の総
体」とする極めて適用範囲の広い定義が提示されていた[注3]。これに
対しては、①特に事業者間取引において交渉のたたき台となる契約
書のひな形を民法に新設される規定の適用対象から除外すべきであ
るという意見や、②就業規則や労働契約のひな形が民法上の約款と
扱われることによって、労働契約法等の労働関連法との整合性を懸
念する意見があった。①の意見は、交渉のたたき台となる契約書の

ひな形は、当事者が内容を検討した上で契約を締結するのが通常であり、約款に関する規定を新設する必要性が乏しいとするものであった。また、②の意見は、労働契約法等の労働関連法が適用される場合にはこれらが優先的に適用されるべきであるが、民法の規定との関係が不明確になることを懸念し、他方、労働基準法において就業規則の作成が不要であるにもかかわらず、任意に作成された就業規則が民法の約款の規定によって労働契約の内容になる事態が生ずることを懸念するものであった。

　中間論点整理後の民法（債権関係）部会における審議では、これらの意見を踏まえて、個別の条項の内容を認識しないままに当事者が契約を締結すると考えられる契約条項を抽出する定義を検討する観点から議論が行われた。①の問題との関係では、当初、当事者の一方が契約の内容を画一的に定めるのが合理的であると認められる取引であるとの要件を加える案が検討対象とされた[注4]。しかし、これでは、画一的に契約内容を定めることが当事者の一方にとって利便性が高い場合をも広く包含するように読めるとの問題が指摘されたことから[注5]、最終的に、契約内容が画一的であることが当事者双方にとって合理的であるとの要件に改められた。事業者間契約における契約書のひな形が利用される取引においては、契約内容が画一的であることが両当事者にとって合理的であるとはいえないため、この要件を充足しないという理解に基づくものであった。また、検討の途中では、不特定多数の者を相手方として行う取引であることを契約内容が画一的であることが両当事者にとって合理的であることの例示として明記する案が示されていたが[注6]、これを明確に、独立の要件とする案に改められた。労働契約は相手方の個性に着目して締結されるものであり、この要件を充足しないため、労働契約において利用される契約書のひな形は定型約款に含まれないことがより明瞭になることを意図したものであった[注7]。

　定義語について、当初は、「約款」という言葉をそのまま用いることが検討されていたが、この言葉は実務において広く用いられているものの、それによって指し示されているものがどのようなものであるかは様々であった。そこで、この言葉をそのまま法律上の定義語として用いると、かえって実務的な混乱を招くおそれがあると考えられたため、「定型条項」という言葉を用いることが検討されたが(注8)、これも個別の条項を指す概念と誤解されるおそれがあるため、最終的には「定型約款」という用語とされた(注9)。

　なお、事業者間取引において利用される約款は一律に規定の適用範囲から除外すべきであるとの意見もあったが(注10)、預金規定やコンピュータのソフトウェアのライセンス規約のように事業者間取引において利用される約款にも規定の適用対象とすべきものがあり、更に適用範囲を狭めることについては反対の意見も強いことを理由に、この意見は採用されなかった(注11)。

　以上のほか、個別に交渉された条項は約款の定義から除外されるとの考え方や、対価やサービス等の中心的な契約条項が約款の定義から除外されるとの考え方なども立案過程では取り上げられたが(注12)、いずれも最終的には採用されていない。

（注3）　中間論点整理第 27、2・85 頁。
（注4）　部会資料 75B・10 頁。
（注5）　部会資料 78B・15 頁。
（注6）　部会資料 83-2・37～38 頁。
（注7）　部会資料 86-2・1 頁。
（注8）　部会資料 75B・9～10 頁。
（注9）　部会資料 83-2・37 頁。
（注10）民法（債権関係）部会第 98 回議事録（PDF 版）3 頁。
（注11）部会資料 86-2・2 頁。
（注12）部会資料 11-2・61～62 頁。

(2)　契約の成立要件

　約款中の個別の契約条項を契約内容とするための要件については、約款中の個別の条項についての合意（顧客側の認識）は不要であるが、ある特定の約款を契約内容とする旨の合意（組入合意）が必要であるとする考え方をベースに議論が進んだ。

　組入合意は、黙示の合意によっても成立するとの考え方が前提となっていたが、中間試案以降の審議では、組入合意の認定が困難である場合（黙示の合意によらざるを得ないケース）が実際上は少なくないとして、取引の安定性を高める観点から、より緩和された契約の成立要件を設けることが検討対象とされた。

　第1に、約款を契約内容とする旨が相手方に表示されていた場合である。この場合には、黙示の合意があったと評価することもできるが、特にインターネット取引のような非対面の取引において黙示の合意の認定にも困難があり得て紛争の原因ともなることを考慮し、この場合には、組入合意があった場合と同様に、約款の内容が契約内容となる旨の規定が設けられることとなった。この規定を設けることについては、少なくとも異議を述べないで契約を締結する（取引の合意をする）ことを要件とすべきであるとの意見もあったが(注13)、顧客等から異議が述べられた場合には、当該契約はおよそ成立することはないと考えられるから、「異議を述べないで」と規定することには法的な意味がないと考えられるとして、規定されないこととされた(注14)。また、当初、この要件による契約成立についてのみ、定型取引を行うことの合意（定型取引合意）をすることが必要であるとの案が提示された(注15)。定型約款を契約内容とする旨が表示されていた場合についても、当事者間に少なくとも何らかの取引を行う旨の合意は必要であるとの考慮に基づくものであったが、最終的に、定型取引合意は、定型約款による契約の成立に共通して必要な要件と位置付けられた。

　第 2 に、鉄道事業に係る旅客運送取引など、取引が大量に行われるものであり、その取引の性質上、表示を要件とすることが困難であることに加え、公共性が高い取引については、相手方にとっても、約款を用いる旨の表示がなくても約款を用いることを予測し得ると考えられることから、約款を契約内容とする旨を公表していた場合には、当該約款が契約内容となる旨の規定を個別の業法に設けることとされた（整備法による改正後の鉄道営業法第 18 条ノ 2 等）。

（注 13）民法（債権関係）部会第 93 回議事録（PDF 版）17〜18 頁。
（注 14）部会資料 81B・16 頁。
（注 15）部会資料 83-2・38〜39 頁。

⑶　約款の開示

　約款を準備した者による約款の内容の開示について、これを約款中の契約条項が契約内容となるための要件として位置付けるかについては議論が対立した。当初は、組入合意に加えて、原則として、合意時までに約款の開示が必要であるとする考え方が提示された[注16]。これは、内容を知り得ないものに約款を契約内容とすることについての同意を与えることはできない以上、組入合意時までに約款が相手方に開示されていることが必要であるとする考え方に基づくものであったが[注17]、これに対しては、約款が効率的な経済取引を可能にしているなどの社会的機能を担っていることや社会全体のコストを考慮すると、常に事前の開示を必要とするのは現実的ではなく、実際の取引では、電話で契約が成立する場合のように事前の開示が困難な場合も少なくなく、例外的に事前開示を不要とするとしても、取引内容に即して適切な要件を設定することが困難であるとの反対意見があった。そこで、中間試案では、契約締結時まで

に、相手方（顧客）が合理的な行動を取れば約款の内容を知ることが
できる機会が確保されていることを要件とし、積極的な開示を必要
としない案が提示された^(注18)。しかし、これについても、相手方があ
えて約款を見ようとしていなかったときであっても、様々な事情に
よって約款の内容を知ることができる機会が確保されていなかった
場合に、そのことのみを理由としてそれが契約内容とならないとす
れば、効果として過大であるとの批判や、顧客がすべき合理的な行
動の判断基準が不明確であり、仮に顧客に相応の行動を要求するの
であれば開示の要件は理念的にはともかく実際上は実効性のないも
のとなるとの批判があった^(注19)。このような観点から、一旦は、定型
約款を準備した者は、契約の相手方からの請求があった場合に、定
型約款の内容を表示する義務を負う旨の規定を設けた上で、これを
契約の成立要件から完全に切り離す案が提示された。しかし、これ
に対しては、特に詐欺的な消費者被害事案などでは、相手方から約
款の内容の開示を請求されたにもかかわらず、約款の内容を知られ
ないようにするために特段の問題のない内容であると誤信させる言
動をとるなどして開示をあきらめさせるといった事案があり得るの
で、少なくともこのような悪質な事案への対応策を用意すべきであ
るとの指摘があった。そこで、前記の内容表示義務と契約の成立要
件との間に連結が図られ、定型取引合意の前に請求があったにもか
かわらず、定型約款を準備した者が正当な事由もないのにこれを拒
んだ場合には、定型約款を契約の内容とするための特則（新法第548
条の2第1項）の適用が認められないとの構成となった^{(注20)(注21)}。

（注16）中間論点整理第31、1・95頁。
（注17）中間論点整理の補足説明207頁。
（注18）中間試案第30、2・51頁。
（注19）部会資料75B・11〜12頁。

（注20）　部会資料81B・17頁。

（注21）　なお、消費者契約法の改正に際し、「消費者契約法において、事業者は、合理的な方法で、消費者が、契約締結前に、契約条項（新民法548条の2以下の「定型約款」を含む）を予め認識できるよう努めなければならない（努めるものとする）。」旨の規定を設けることが検討対象とされたが、その努力義務の内容が不明確であるなどの問題があったことから、最終的に改正は見送られている（平成29年8月消費者委員会消費者契約法専門調査会「消費者契約法専門調査会　報告書」16〜17頁）。

(4)　不当条項規制及び不意打ち条項規制

ア　不当条項規制

　民法（債権関係）部会では、主として消費者保護の観点から、約款についていわゆる不当条項規制を設けることを要望する意見があった一方で、現状よりも約款を利用する取引が規制されることについて、特に経済実務界から強い懸念が示された。

　当初は、不当条項リストを含めた不当条項規制に関する規定を設ける考え方も提示されていたが[注22]、不当条項リストの創設はその対象の抽出の困難さ等を理由として断念されたため、約款についての一般的・抽象的な不当条項規制を設けることが検討対象となった。そして、この新設される不当条項規制と旧法第90条や消費者契約法第10条等との関係をどのように位置付けるかが問題となったが、旧法第1条第2項（信義則）という現在でも約款について適用が可能なルールを中心的な要件に据えることとしつつ、信義則違反の有無の判断に当たっては約款の特殊性を考慮することが明示された。なお、ここでは、旧法第90条の公序良俗違反に該当するかどうかをメルクマールにすべきであるとの意見もあったが、約款の特性は顧客が多くの場合に約款の内容に注意を払わないことにあり、それにもかかわらず、当事者が十分に内容を理解していてもその効力がな

いこととされる公序良俗に関するルールをメルクマールにすることは適切ではないと判断され、信義則が採用された（注23）。

　不当条項に該当した場合の効果について、当初は、無効とする構成が検討対象とされていた。

　しかし、契約成立に関して、合意があったものと擬制する（みなす）との構成を採ったことに鑑み、不当な内容の条項についても一旦合意がされたものと擬制した上でその効力を無効とするのではなく、そもそも擬制の対象となるべき条項から除外するとの構成（除外されなかった条項についてのみ合意があったものと擬制される。）を採るのが適当であるとの考慮に基づき、不当な内容の条項は、契約成立の特則の適用対象となる契約条項に「含まないものとする」とする構成が示された（注24）。もっとも、この表現が法律の表現としては一般的でないことから、最終的には、「合意をしなかったものとみなす」と表現が改められた（注25）。

　　イ　不意打ち条項規制

　不意打ち条項規制とは、相手方が合理的に予測することができない内容の条項（不意打ち条項）が約款に含まれていたときには、当該条項は拘束力を有しないとの考え方である。約款による契約成立の根拠を組入合意に求めるとしても、不意打ち条項については、組入合意による正当化が困難であることを根拠とするものであり、当初は、内容の不当性に着目する不当条項規制とは異なるルールであることを前提として、検討対象とされた。

　しかし、単純に不意打ちであることのみを理由として当該条項が契約内容とならないとする考え方については、新しい契約手法や新しい契約条項の導入が新しいビジネスのリスクを軽減し、その育成に寄与するという考え方もあり、不意打ち条項の効力を否定することは新しい商品やサービスにチャレンジしようとする意欲を削ぐおそれがあるから、合理的に予測することができない条項であっても

内容的に問題がなければ許容されることとすべきであるとの意見など、このままでは取引の大きな障害となるとの強い批判があった。そこで、中間試案後は、当該条項が相手方の不利益になることをも要件とする案が検討対象とされた[注26]。その結果、不当条項規制との役割分担が不明確となったため、契約条項が信義則に反するか否かの判断において、約款を用いた取引においては顧客が約款の内容に注意を払わないのが通例であるといった定型約款の特殊性をも考慮することとして不当条項規制と不意打ち条項規制を一本化することとされた[注27]（そのことを表す趣旨で「定型取引の態様」が考慮要素として明示された[注28]。）。

(注22)　中間論点整理第31・95〜97頁。
(注23)　部会資料75B・13頁。
(注24)　部会資料83-2・39頁。
(注25)　部会資料88-2・5頁。
(注26)　部会資料75B・12頁。
(注27)　部会資料83-2・39頁。
(注28)　部会資料83-2・39頁。

(5)　約款の変更

　約款による契約内容を約款を準備した当事者が一方的に変更することができる旨の規定を創設することについては、民法（債権関係）部会における審議に先行して公表された研究者有志による立法提案[注29]には含まれていなかった。

　約款の変更についても、契約についての一般原則によれば、一旦契約が成立した以上、一方当事者が相手方の同意なくその契約内容を変更することはできないはずであるが、約款を使用した契約関係がある程度の期間にわたり継続する場合には、法令の改正や社会の

状況の変化により、約款の内容を画一的に変更すべき必要性が生ずることがある。しかし、多数の相手方との間で契約内容を変更する個別の同意を得ることは、実際上極めて困難な場合があるとして、実務界からの要望によって検討対象とされた^(注30)。

　もっとも、立案当時は約款の変更の可否及びその要件について確立した見解が存在していたとはいい難い状況にあった。そのため、約款中に、当該約款が約款を使用する者によって一方的に変更されることがある旨の条項（変更条項）が設けられていれば、自由にその内容を変更することができるとの理解を前提に、民法に約款の変更に関する規定が設けられることが、約款の変更の規制につながるとして変更に関するルールの創設に反対する意見もあったが^(注31)、約款取引の安定性を高める観点や取引の相手方保護の観点から、一定の要件下で一方的な変更が可能であることについて法律上の根拠を設けることを支持する意見もあった^(注32)。

　具体的な要件に関しては、約款中に変更条項が定められていることをも変更の要件とする考え方が提案されていた^(注33)。この考え方は、当該約款が一方的に変更される可能性があることを約款中でも相手方が一応認識可能なものとしておくのが最低限必要であるといった認識に基づくものであったが、これに対しては、変更条項がなければ相手方に有利な変更をすることもできないとなることへの疑問のほか、施行日前に締結された契約に係る約款中に変更条項が含まれていない場合に、顧客から同意を得て変更条項を設けておかなければ新たなルールに基づいて約款を変更することができなくなり、利便性を損なうといった指摘などがあった^(注34)。そのため、最終的には、変更条項の存在を約款の変更の要件とはせず、変更の有効性の判断において、約款中に具体的な変更条項があることを、変更を合理的なものと認める積極事情の一つとして考慮する趣旨の規律に改めることとされた。

　また、約款の変更に係る手続要件として、当初は、変更内容等を周知することが変更の効力要件として常に必要であるとされていたが^(注35)、相手方一般の利益になる場合の変更については、相手方の利益になるにもかかわらず、周知を欠いたことを理由に効力が生じないことは相当でないため、この場合には、約款を準備する者が周知する義務を負うものの、周知は変更の効力要件とはしないこととされた。

　（注29）民法（債権関係）の改正についての法制審議会への諮問に先立ち、民法（債権法）改正検討委員会「債権法改正の基本方針」や民法改正研究会「日本民法典財産法改正　国民・法曹・学会有志案（仮案）」などが公表され、民法（債権関係）部会における調査審議の参考資料とされていた。
　（注30）民法（債権関係）部会第 11 回議事録（PDF 版）4 頁。
　（注31）部会資料 71-5・56〜57 頁。
　（注32）部会資料 71-5・56 頁。
　（注33）部会資料 83-2・40〜41 頁。
　（注34）民法（債権関係）部会第 96 回議事録（PDF 版）35 頁。
　（注35）部会資料 75B・15 頁。

定型約款に関する提案の変遷等

1　定義

中間論点整理	第27　約款（定義及び組入要件） 　2　約款の定義 　　約款の組入要件に関する規定を設けることとする場合に、当該規定の適用対象となる約款をどのように定義するかについて、更に検討してはどうか。 　　その場合の規定内容として、例えば、「多数の契約に用いるためにあらかじめ定式化された契約条項の総体」という考え方があるが、これに対しては、契約書のひな形などが広く約款に含まれることになるとすれば実務における理解と異なるという指摘や、労働契約に関する指摘として、就業規則が約款に該当するとされることにより、労働契約法その他の労働関係法令の規律によるのではなく約款の組入要件に関する規律によって労働契約の内容になるとすれば、労働関係法令と整合的でないなどの指摘もある。そこで、このような指摘にも留意しながら、上記の考え方の当否について、更に検討してはどうか。
中間試案	第30　約款 　1　約款の定義 　　約款とは、多数の相手方との契約の締結を予定してあらかじめ準備される契約条項の総体であって、それらの契約の内容を画一的に定めることを目的として使用するものをいうものとする。 （注）約款に関する規律を設けないという考え方がある。

部会資料 75B	第3　約款
	1　定型条項（仮称）による契約
	(1)　定型条項とは、約款その他いかなる名称であるかを問わず、当事者の一方が契約の内容を画一的に定めるのが合理的であると認められる取引において、その契約の内容とするために準備された契約条項の集合（当事者が異なる内容の合意をした契約条項を除く。）をいう。
部会資料 78B	第4　約款（定型条項の定義）
	定型条項とは、契約の内容が画一的であることが通常である取引において、当事者の一方により準備された契約条項の総体であって、相手方がその変更を求めずに契約を締結することが取引通念に照らして合理的であるものをいう。ただし、当事者が異なる内容の合意をした契約条項を除く。
部会資料 81B	第3　約款
	1　定型条項の定義
	定型条項とは、契約の内容が画一的である取引において、当事者の一方により準備された契約条項の総体であって、相手方がその変更を求めずに契約を締結することが取引上の社会通念に照らして合理的であるものをいう。ただし、当事者が異なる内容の合意をした契約条項を除く。
部会資料 83-1	第28　定型約款
	1　定型約款
	定型約款とは、相手方が不特定多数であって給付の内容が均一である取引その他の取引の内容の全部又は一部が画一的であることが当事者双方にとって合理的な取引（以下「定型取引」という。）において、契約の内容を補充することを目的として当該定型取

	引の当事者の一方により準備された条項の総体をいう。
部会資料 86-1	第28 定型約款 1 定型約款の定義 　定型約款とは、定型取引（ある特定の者が不特定多数の者を相手方として行う取引であって、その内容の全部又は一部が画一的であることがその双方にとって合理的なものをいう。以下同じ。）において、契約の内容を補充することを目的としてその特定の者により準備された条項の総体をいう。
部会資料 88-1 要綱案 要綱	第28 定型約款 1 定型約款の定義 　定型約款とは、定型取引（ある特定の者が不特定多数の者を相手方として行う取引であって、その内容の全部又は一部が画一的であることがその双方にとって合理的なものをいう。以下同じ。）において、契約の内容とすることを目的としてその特定の者により準備された条項の総体をいう。
条文 （第 548 条の 2 第 1 項柱書き） （注）下線部筆者	（定型約款の合意） 第 548 条の 2　定型取引（ある特定の者が不特定多<u>数の者を相手方として行う取引であって、その内</u><u>容の全部又は一部が画一的であることがその双方</u><u>にとって合理的なものをいう。以下同じ。）</u>を行うことの合意（次条において「定型取引合意」という。）をした者は、次に掲げる場合には、<u>定型約款</u><u>（定型取引において、契約の内容とすることを目</u><u>的としてその特定の者により準備された条項の総</u><u>体をいう。以下同じ。）</u>の個別の条項についても合意をしたものとみなす。 　一、二　（略） 2　（略）

2　組入要件

中間論点整理	第27　約款（定義及び組入要件） 　3　約款の組入要件の内容 　　仮に約款の組入要件についての規定を設けるとした場合に、その内容をどのようなものとするかについて、更に検討してはどうか。 　　例えば、原則として契約締結までに約款が相手方に開示されていること及び当該約款を契約内容にする旨の当事者の合意が必要であるという考え方がある。このうち開示を要件とすることについては、その具体的な態様によっては多大なコストを要する割に相手方の実質的な保護につながらないとの指摘などがあり、また、当事者の合意を要件とすることについては、当事者の合意がなくても慣習としての拘束力を認めるべき場合があるとの指摘などがある。 　　このほか、相手方が個別に交渉した条項を含む約款全体、更には実際に個別交渉が行われなくてもその機会があった約款は当然に契約内容になるとの考え方や、約款が使用されていることが周知の事実になっている分野においては約款は当然に契約内容になるとの考え方もある。 　　約款の組入要件の内容を検討するに当たっては、相手方が約款の内容を知る機会をどの程度保障するか、約款を契約内容にする旨の合意が常に必要であるかどうかなどが問題になると考えられるが、これらを含め、現代の取引社会における約款の有用性や、組入要件と公法上の規制・労働関係法令等他の法令との関係などに留意しつつ、規定の内容について更に検討してはどうか。

中間試案	第30　約款 2　約款の組入要件の内容 　契約の当事者がその契約に約款を用いることを合意し、かつ、その約款を準備した者（以下「約款使用者」という。）によって、契約締結時までに、相手方が合理的な行動を取れば約款の内容を知ることができる機会が確保されている場合には、約款は、その契約の内容となるものとする。 　（注）約款使用者が相手方に対して、契約締結時までに約款を明示的に提示することを原則的な要件として定めた上で、開示が困難な場合に例外を設けるとする考え方がある。
部会資料75B	第3　約款 1　定型条項（仮称）による契約 (2)　定型条項は、契約の当事者が特定の定型条項によることを合意した場合のほか、次に掲げる場合において相手方が異議を述べないで契約を締結したときは、契約の内容となる。 　ア　定型条項を準備した者（以下「条項準備者」という。）が、契約の締結前に、当該定型条項によることを相手方に表示した場合 　イ　上記アによることが契約締結の態様に照らして期待することができない場合において、その契約と同種の契約において定型条項によるのが通常であるとき。ただし、条項準備者が特定の定型条項を用いることを公表しているときに限る。
部会資料81B	第3　約款 2　定型条項が契約の内容となるための要件 　定型条項は、契約の当事者が特定の定型条項によ

ることを合意した場合のほか、次に掲げる場合にお
いて当該定型条項に係る契約が締結されたときは、
契約の内容となる。

(1)　定型条項を準備した者（以下「条項準備者」
　　という。）が、契約の締結前に、特定の定型条項
　　によることを相手方に表示したとき。

(2)　(1)の表示をすることが契約締結の態様に照ら
　　して困難である場合において、その契約と同種
　　の契約において定型条項によるのが通常である
　　とき。ただし、条項準備者が特定の定型条項に
　　よることを公表しているときに限る。

部会資料 83-1	第28　定型約款 2　定型約款によって契約の内容が補充されるための要件等 (1)　定型取引の当事者は、定型約款によって契約の内容を補充することを合意した場合のほか、定型約款を準備した者（以下この第28において「定型約款準備者」という。）があらかじめ当該定型約款によって契約の内容が補充される旨を相手方に表示した場合において、定型取引合意（定型取引を行うことの合意をいう。以下同じ。）をしたときは、定型約款の個別の条項についても合意をしたものとみなす。 （注）旅客鉄道事業に係る旅客運送の取引その他の一定の取引については、定型約款準備者が当該定型約款によって契約の内容が補充されることをあらかじめ公表していたときも、当事者がその定型約款の個別の条項について合意をしたものとみなす旨の規律を民法とは別途に設けるものとする。【P】

部会資料86-1	第28　定型約款 2　定型約款による契約の内容の補充 (1)　定型取引を行うことの合意（3〔筆者注：後記5の部会資料86-1欄参照〕において「定型取引合意」という。）をした者は、次に掲げる場合には、定型約款の個別の条項についても合意をしたものとみなす。 　ア　定型約款によって契約の内容を補充することの合意をしたとき。 　イ　定型約款を準備した者（以下「定型約款準備者」という。）があらかじめその定型約款によって契約の内容が補充される旨を相手方に表示していたとき。
部会資料88-1 要綱案 要綱	第28　定型約款 2　定型約款についてのみなし合意 (1)　定型取引を行うことの合意（3〔筆者注：後記5の部会資料88-1欄参照〕において「定型取引合意」という。）をした者は、次に掲げる場合には、定型約款の個別の条項についても合意をしたものとみなす。 　ア　定型約款を契約の内容とする旨の合意をしたとき。 　イ　定型約款を準備した者（以下「定型約款準備者」という。）があらかじめその定型約款を契約の内容とする旨を相手方に表示していたとき。
条文 （第548条の2 第1項）	（定型約款の合意） 第548条の2　定型取引（ある特定の者が不特定多数の者を相手方として行う取引であって、その内容の全部又は一部が画一的であることがその双方にとって合理的なものをいう。以下同じ。）を行う

ことの合意（次条において「定型取引合意」という。）をした者は、次に掲げる場合には、定型約款（定型取引において、契約の内容とすることを目的としてその特定の者により準備された条項の総体をいう。以下同じ。）の個別の条項についても合意をしたものとみなす。

一　定型約款を契約の内容とする旨の合意をしたとき。

二　定型約款を準備した者（以下「定型約款準備者」という。）があらかじめその定型約款を契約の内容とする旨を相手方に表示していたとき。

2　（略）

※　整備法

・　鉄道営業法第18条ノ2（鉄道による旅客運送取引）

・　軌道法第27条ノ2（路面電車、モノレール等による旅客運送取引）

・　海上運送法第32条の2（フェリー等による旅客運送取引）

・　航空法第134条の3（飛行機等による旅客運送取引）

・　道路運送法第87条（乗合バス等による旅客運送取引）

・　道路整備特別措置法第55条の2（高速道路等の通行に係る取引）

・　電気通信事業法第167条の2（電気通信役務の提供に係る取引）

3　不意打ち条項規制

中間論点整理	第27　約款（定義及び組入要件） 3　約款の組入要件の内容 　また、上記〔筆者注：前記2の中間論点整理欄参照〕の原則的な組入要件を満たす場合であっても、約款の中に相手方が合理的に予測することができない内容の条項が含まれていたときは、当該条項は契約内容とならないという考え方があるが、このような考え方の当否について、更に検討してはどうか。
中間試案	第30　約款 3　不意打ち条項 　約款に含まれている契約条項であって、他の契約条項の内容、約款使用者の説明、相手方の知識及び経験その他の当該契約に関する一切の事情に照らし、相手方が約款に含まれていることを合理的に予測することができないものは、前記2〔筆者注：前記2の中間試案欄参照〕によっては契約の内容とはならないものとする。
部会資料75B	第3　約款 3　合理的に予測し得ない事項に関する契約条項 　定型条項の契約条項については、それが契約の主たる給付の内容、同種の他の契約の内容その他の事情及び取引通念に照らしてその契約の内容となることを合理的に予測し得ないと認められる事項に関するものであって、相手方に不利益を与えるものであるときは、前記1(2)〔筆者注：前記2の部会資料75B欄参照〕を適用しない。ただし、相手方が、当該事項に関する契約条項があることを知り、又は容易に知り得たときは、この限りでない。

部会資料77B	第3　約款
	1　合理的に予測し得ない事項に関する契約条項
	定型条項の契約条項については、それが契約の主たる給付の内容、同種の他の契約の内容その他の事情及び取引通念に照らしてその契約の内容となることを合理的に予測し得ないと認められる事項に関するものであって、相手方に義務を課すものであるときは、部会資料75B第3、1⑵（注：定型条項のいわゆる組入れの規律）〔筆者注：前記2の部会資料75B欄参照〕を適用しない。ただし、相手方が、当該事項に関する契約条項があることを知り、又は容易に知り得たときは、この限りでない。
部会資料81B	第3　約款
	4　合理的に予測し得ない事項に関する契約条項
	定型条項の契約条項については、それが契約の主たる給付の内容、同種の他の契約の内容その他の事情及び取引上の社会通念に照らしてその契約の内容となることを合理的に予測し得ないと認められる事項に関するものであって、相手方に新たに義務を課すものであるときは、2〔筆者注：前記2の部会資料81B欄参照〕を適用しない。ただし、相手方が、当該事項に関する契約条項があることを知り、又は容易に知り得たときは、この限りでない。
部会資料83-1	第28　定型約款
	2　定型約款によって契約の内容が補充されるための要件等
	⑵　⑴〔筆者注：前記2の部会資料83-1欄参照〕の条項には、相手方の権利を制限し、又は相手方の義務を加重する条項であって、当該定型取引の態様及びその実情並びに取引上の社会通念に照らし

	て民法第1条第2項に規定する基本原則に反して相手方の利益を一方的に害すると認められるものは、含まないものとする。
部会資料 86-1	第28　定型約款 2　定型約款による契約の内容の補充 (2)　(1)〔筆者注：前記2の部会資料86-1欄参照〕の条項には、相手方の権利を制限し、又は相手方の義務を加重する条項であって、当該定型取引の態様及びその実情並びに取引上の社会通念に照らして民法第1条第2項に規定する基本原則に反して相手方の利益を一方的に害すると認められるものは、含まないものとする。
部会資料 88-1 要綱案 要綱	第28　定型約款 2　定型約款についてのみなし合意 (2)　(1)〔筆者注：前記2の部会資料88-1欄参照〕の規定にかかわらず、(1)の条項のうち、相手方の権利を制限し、又は相手方の義務を加重する条項であって、その定型取引の態様及びその実情並びに取引上の社会通念に照らして民法第1条第2項に規定する基本原則に反して相手方の利益を一方的に害すると認められるものについては、合意をしなかったものとみなす。
条文 (第548条の2 第2項)	(定型約款の合意) 第548条の2　(略) 2　前項の規定にかかわらず、同項の条項のうち、相手方の権利を制限し、又は相手方の義務を加重する条項であって、その定型取引の態様及びその実情並びに取引上の社会通念に照らして第一条第二項に規定する基本原則に反して相手方の利益を一方的に害すると認められるものについては、合意をしなかったものとみなす。

4　不当条項規制

中間論点整理	第31　不当条項規制 1　不当条項規制の要否、適用対象等 ⑴　契約関係については基本的に契約自由の原則が妥当し、契約当事者は自由にその内容を決定できるのが原則であるが、今日の社会においては、対等な当事者が自由に交渉して契約内容を形成することによって契約内容の合理性が保障されるというメカニズムが働かない場合があり、このような場合には一方当事者の利益が不当に害されることがないよう不当な内容を持つ契約条項を規制する必要があるという考え方がある。このような考え方に従い、不当な契約条項の規制に関する規定を民法に設ける必要があるかについて、その必要性を判断する前提として正確な実態の把握が必要であるとの指摘などにも留意しつつ、更に検討してはどうか。 ⑵　民法に不当条項規制に関する規定を設けることとする場合に対象とすべき契約類型については、どのような契約であっても不当な契約条項が使用されている場合には規制すべきであるという考え方のほか、一定の契約類型を対象として不当条項を規制すべきであるとの考え方がある。例えば、約款は一方当事者が作成し、他方当事者が契約内容の形成に関与しないものであること、消費者契約においては消費者が情報量や交渉力等において劣位にあることから、これらの契約においては契約内容の合理性を保障するメカニズムが働かないとして、これらを不当条項規制の対象とするとい

う考え方……である。また、消極的な方法で不当
条項規制の対象を限定する考え方として、労働契
約は対象から除外すべきであるとの考え方や、労
働契約においては、使用者が不当な条項を使用し
た場合には規制の対象とするが、労働者が不当な
条項を使用しても規制の対象としないという片面
的な考え方も主張されている。これらの当否を含
め、不当条項規制の対象について、更に検討して
はどうか。

2　不当条項規制の対象から除外すべき契約条項
　不当条項規制の対象とすべき契約類型に含まれる
条項であっても、契約交渉の経緯等によって例外的
に不当条項規制の対象から除外すべき条項があるか
どうか、どのようなものを対象から除外すべきかに
ついて、更に検討してはどうか。
　例えば、個別に交渉された条項又は個別に合意さ
れた条項を不当条項規制の対象から除外すべきであ
るとの考え方がある。このような考え方の当否につ
いて、どのような場合に個別交渉があったと言える
か、一定の契約類型（例えば、消費者契約）に含ま
れる条項は個別交渉又は個別合意があっても不当条
項規制の対象から除外されないという例外を設ける
必要がないかなどに留意しながら、更に検討しては
どうか。
　また、契約の中心部分に関する契約条項を不当条
項規制の対象から除外すべきかどうかについて、中
心部分とそれ以外の部分の区別の明確性や、暴利行
為規制など他の手段による規制の可能性、一定の契
約類型（例えば、消費者契約）に含まれる条項は中
心部分に関するものであっても不当条項規制の対象

から除外されないという例外を設ける必要はないか
などに留意しながら、更に検討してはどうか。

3　不当性の判断枠組み

　民法に不当条項規制に関する規定を設けることと
する場合には、問題となる条項の不当性をどのよう
に判断するかが問題となる。具体的には、契約条項
の不当性を判断するに当たって比較対照すべき標準
的な内容を任意規定に限定するか、条項の使用が予
定されている多数の相手方と個別の相手方のいずれ
を想定して不当性を判断するか、不当性を判断する
に当たって考慮すべき要素は何か、どの程度まで不
当なものを規制の対象とするかなどが問題となり得
るが、これらの点について、更に検討してはどうか。

4　不当条項の効力

　民法に不当条項規制に関する規定を設けることと
する場合には、ある条項が不当と評価された場合の
効果が問題になるが、この点に関しては、不当条項
規制の対象となる条項は不当とされる限度で一部の
効力を否定されるとの考え方と、当該条項全体の効
力を否定されるとの考え方がある。いずれが適当で
あるかについては、「条項全体」が契約内容のうちど
の範囲を指すかを明確にすることができるか、法律
行為に含まれる特定の条項の一部に無効原因がある
場合の当該条項の効力をどのように考えるか……に
も留意しつつ、更に検討してはどうか。

　また、不当な条項を無効とするか、取り消すこと
ができるものとするかについて、更に検討してはど
うか。

5　不当条項のリストを設けることの当否

　民法に不当条項規制に関する規定を設けることと
する場合には、どのような条項が不当と評価される
のかについての予測可能性を高めることなどを目的
として、不当条項規制に関する一般的規定（前記3
及び4）に加え、不当と評価される可能性のある契
約条項のリストを作成すべきであるとの考え方があ
るが、これに対しては、硬直的な運用をもたらすな
どとして反対する意見もある。そこで、不当条項の
リストを設けるという考え方の当否について、一般
的規定は民法に設けるとしてもリストは特別法に設
けるという考え方の当否も含め、更に検討してはど
うか。

　また、不当条項のリストを作成する場合には、該
当すれば常に不当性が肯定され、条項使用者が不当
性を阻却する事由を主張立証することができないも
のを列挙したリスト（ブラックリスト）と、条項使
用者が不当性を阻却する事由を主張立証することに
よって不当性の評価を覆すことができるものを列挙
したリスト（グレーリスト）を作成すべきであると
の考え方がある。これに対し、ブラックリストにつ
いては、どのような状況で使用されるかにかかわら
ず常に不当性が肯定される条項は少ないのではない
かなどの問題が、グレーリストについては、使用者
がこれに掲載された条項を回避することにより事実
上ブラックリストとして機能するのではないかなど
の問題が、それぞれ指摘されている。そこで、どの
ようなリストを作成するかについて、リストに掲載
すべき条項の内容を含め、更に検討してはどうか。

中間試案	第30　約款 5　不当条項規制 　前記２〔筆者注：前記２の中間試案欄参照〕によって契約の内容となった契約条項は、当該条項が存在しない場合に比し、約款使用者の相手方の権利を制限し、又は相手方の義務を加重するものであって、その制限又は加重の内容、契約内容の全体、契約締結時の状況その他一切の事情を考慮して相手方に過大な不利益を与える場合には、無効とするものとする。 　（注）このような規定を設けないという考え方がある。
部会資料75B	第3　約款 4　相手方に過大な不利益を与える契約条項の効力 　定型条項の契約条項は、当該契約条項が相手方の権利を制限し、又は相手方の義務を加重するものであって、民法第１条第２項に規定する基本原則に反して相手方に過大な不利益を与える場合には、無効とする。この場合において、無効かどうかを判断するに当たっては、当該契約の内容の全部（定型条項以外の部分を含む。）、契約の締結の態様その他一切の事情を考慮するものとする。
部会資料81B	第3　約款 5　相手方に過大な不利益を与える契約条項の効力 　定型条項の契約条項は、相手方の権利を制限し、又は相手方の義務を加重するものであって、民法第１条第２項に規定する基本原則に反して相手方の利益を一方的に害するものであるときは、無効とする。この場合において、無効か否かについて判断するに当たっては、当該契約の内容の全部（定型条項以外

	の部分を含む。)、契約の締結の態様その他一切の事情を考慮する。
部会資料 83-1	第28　定型約款 2　定型約款によって契約の内容が補充されるための要件等 (2)　(1)〔筆者注：前記2の部会資料 83-1 欄参照〕の条項には、相手方の権利を制限し、又は相手方の義務を加重する条項であって、当該定型取引の態様及びその実情並びに取引上の社会通念に照らして民法第1条第2項に規定する基本原則に反して相手方の利益を一方的に害すると認められるものは、含まないものとする。
部会資料 86-1	第28　定型約款 2　定型約款による契約の内容の補充 (2)　(1)〔筆者注：前記2の部会資料 86-1 欄参照〕の条項には、相手方の権利を制限し、又は相手方の義務を加重する条項であって、当該定型取引の態様及びその実情並びに取引上の社会通念に照らして民法第1条第2項に規定する基本原則に反して相手方の利益を一方的に害すると認められるものは、含まないものとする。
部会資料 88-1 要綱案 要綱	第28　定型約款 2　定型約款についてのみなし合意 (2)　(1)〔筆者注：前記2の部会資料 88-1 欄参照〕の規定にかかわらず、(1)の条項のうち、相手方の権利を制限し、又は相手方の義務を加重する条項であって、その定型取引の態様及びその実情並びに取引上の社会通念に照らして民法第1条第2項に規定する基本原則に反して相手方の利益を一方的に害すると認められるものについては、合意をし

	なかったものとみなす。
条文 （第 548 条の 2 第 2 項）	（定型約款の合意） 第 548 条の 2　（略） 2　前項の規定にかかわらず、同項の条項のうち、相手方の権利を制限し、又は相手方の義務を加重する条項であって、その定型取引の態様及びその実情並びに取引上の社会通念に照らして第一条第二項に規定する基本原則に反して相手方の利益を一方的に害すると認められるものについては、合意をしなかったものとみなす。

5 定型約款の内容の表示

部会資料 75B	第3 約款 2 定型条項の内容の表示 　定型条項により契約を締結し、又は締結しようとする条項準備者は、契約の締結前又は契約の締結後相当の期間内に相手方から請求があった場合には、遅滞なく、相当な方法で当該定型条項の内容を示さなければならない。ただし、相手方に対して定型条項を書面又は電磁的方法により提供した場合は、この限りでない。
部会資料 81B	第3 約款 3 定型条項の内容の開示 (1) 定型条項により契約を締結し、又は締結しようとする条項準備者は、契約の締結前又は契約の締結後相当の期間内に相手方から請求があった場合には、遅滞なく、相当な方法で当該定型条項の内容を示さなければならない。ただし、相手方に対して定型条項を書面又は電磁的記録により提供した場合は、この限りでない。 (2) 条項準備者が、契約の締結前において、(1)の請求に対して相手方が定型条項の内容を認識することを妨げる目的で不正にこれに応じなかったときは、2〔筆者注：前記2の部会資料81B欄参照〕の規定は、適用しない。
部会資料 83-1	第28 定型約款 3 定型約款の内容の開示義務 (1) 定型取引を行い、又は行おうとする定型約款準備者は、定型取引合意の前又は定型取引合意の後相当の期間内に相手方から請求があった場合に

は、遅滞なく、相当な方法で当該定型約款の内容
を示さなければならない。ただし、定型約款準備
者が既に相手方に対して定型約款を記載した書面
を交付し、又はこれを記録した電磁的記録を提供
していたときは、この限りでない。
(2)　定型約款準備者が、定型取引合意の前において、
(1)の請求を拒んだときは、2〔筆者注：前記2から
4までの部会資料83-1欄参照〕の規定は、適用し
ない。ただし、一時的な通信障害が発生した場合
その他正当な事由がある場合は、この限りでない。

部会資料86-1	第28　定型約款 3　定型約款の内容の表示 (1)　定型取引を行い、又は行おうとする定型約款準備者は、定型取引合意の前又は定型取引合意の後相当の期間内に相手方から請求があった場合には、遅滞なく、相当な方法で当該定型約款の内容を示さなければならない。ただし、定型約款準備者が既に相手方に対して定型約款を記載した書面を交付し、又はこれを記録した電磁的記録を提供していたときは、この限りでない。 (2)　定型約款準備者が定型取引合意の前において(1)の請求を拒んだときは、2〔筆者注：前記2から4までの部会資料86-1欄参照〕の規定は、適用しない。ただし、一時的な通信障害が発生した場合その他正当な事由がある場合は、この限りでない。
部会資料88-1 要綱案 要綱	第28　定型約款 3　定型約款の内容の表示 (1)　定型取引を行い、又は行おうとする定型約款準備者は、定型取引合意の前又は定型取引合意の後相当の期間内に相手方から請求があった場合に

	は、遅滞なく、相当な方法でその定型約款の内容を示さなければならない。ただし、定型約款準備者が既に相手方に対して定型約款を記載した書面を交付し、又はこれを記録した電磁的記録を提供していたときは、この限りでない。 (2) 定型約款準備者が定型取引合意の前において(1)の請求を拒んだときは、2〔筆者注：前記2から4までの部会資料88-1欄参照〕の規定は、適用しない。ただし、一時的な通信障害が発生した場合その他正当な事由がある場合は、この限りでない。
条文 （第548条の3）	（定型約款の内容の表示） 第548条の3 定型取引を行い、又は行おうとする定型約款準備者は、定型取引合意の前又は定型取引合意の後相当の期間内に相手方から請求があった場合には、遅滞なく、相当な方法でその定型約款の内容を示さなければならない。ただし、定型約款準備者が既に相手方に対して定型約款を記載した書面を交付し、又はこれを記録した電磁的記録を提供していたときは、この限りでない。 2 定型約款準備者が定型取引合意の前において前項の請求を拒んだときは、前条の規定は、適用しない。ただし、一時的な通信障害が発生した場合その他正当な事由がある場合は、この限りでない。

6　定型約款の変更

中間論点整理	第27　約款（定義及び組入要件） 　4　約款の変更 　　約款を使用した契約が締結された後、約款使用者が当該約款を変更する場合があるが、民法には約款に関する規定がないため、約款使用者が一方的に約款を変更することの可否、要件、効果等は明確でない。そこで、この点を明らかにするため、約款使用者による約款の変更について相手方の個別の合意がなくても、変更後の約款が契約内容になる場合があるかどうか、どのような場合に契約内容になるかについて、検討してはどうか。
中間試案	第30　約款 　4　約款の変更 　　約款の変更に関して次のような規律を設けるかどうかについて、引き続き検討する。 ⑴　約款が前記2〔筆者注：前記2の中間試案欄参照〕によって契約内容となっている場合において、次のいずれにも該当するときは、約款使用者は、当該約款を変更することにより、相手方の同意を得ることなく契約内容の変更をすることができるものとする。 　ア　当該約款の内容を画一的に変更すべき合理的な必要性があること。 　イ　当該約款を使用した契約が現に多数あり、その全ての相手方から契約内容の変更についての同意を得ることが著しく困難であること。 　ウ　上記アの必要性に照らして、当該約款の変更の内容が合理的であり、かつ、変更の範囲及び

	程度が相当なものであること。
	エ　当該約款の変更の内容が相手方に不利益なものである場合にあっては、その不利益の程度に応じて適切な措置が講じられていること。
	(2)　上記(1)の約款の変更は、約款使用者が、当該約款を使用した契約の相手方に、約款を変更する旨及び変更後の約款の内容を合理的な方法により周知することにより、効力を生ずるものとする。
部会資料75B	第3　約款 5　定型条項の変更 (1)　条項準備者は、次に掲げるときは、定型条項の変更をすることにより、個別の相手方と合意をすることなく、契約内容を変更することができる。ただし、当該定型条項を契約の内容とした相手方が多数であり（複数の定型条項について同一の変更を行う場合にあっては、それらの定型条項に係る相手方が多数である場合を含む。）、又は不特定である場合において、その全ての相手方から契約内容の変更についての同意を得ることが著しく困難であるときに限る。 ア　定型条項の変更が、相手方の利益に適合することが明らかであるとき。 イ　定型条項の変更が、契約をした目的に反しないことが明らかであり、かつ、変更の必要性、変更後の内容の相当性その他の変更に係る事情に照らして合理的なものであるとき。 (2)　条項準備者は、定型条項において、予想される変更の内容の概要が定められているときは、当該契約条項に従って定型条項を変更することができる。ただし、変更後の内容が取引通念に照らして

	相当である場合に限る。 (3)　上記(1)(2)に基づく定型条項の変更は、条項準備者が定型条項を変更する旨及び変更後の定型条項の内容を相当な方法により周知しなければ、その効力を生じない。この場合において、条項準備者が変更の効力の発生時期を定めたときは、その時期が到来しなければ、変更の効力を生じない。 (4)　上記(1)から(3)までは、定型条項の変更によっては契約内容は変更されない旨の合意がある場合には、適用しない。
部会資料77B	第3　約款 2　定型条項の変更 (1)　条項準備者は、次に掲げるときは、定型条項の変更をすることにより、個別の相手方と合意をすることなく、契約内容を変更することができる。ただし、当該定型条項を契約の内容とした相手方が多数であり（複数の定型条項について同一の変更を行う場合にあっては、それらの定型条項に係る相手方が多数である場合を含む。）、又は不特定である場合において、その全ての相手方から契約内容の変更についての同意を得ることが著しく困難であるときに限る。 　ア　定型条項の変更が、相手方の利益に適合するとき。 　イ　定型条項の変更が、契約をした目的に反せず、かつ、変更の必要性、変更後の内容の相当性、定型条項に変更に関する定めがある場合にはその内容その他の変更に係る事情に照らして合理的なものであるとき。 (2)　定型条項において、条項準備者が定型条項の変

	更をすることにより、個別の相手方と合意をすることなく、契約内容を変更することができる旨が定められている場合には、上記(1)ただし書は、適用しない。
	(3)　上記(1)本文に基づく定型条項の変更は、条項準備者が定型条項を変更する旨及び変更後の定型条項の内容を相当な方法により周知しなければ、その効力を生じない。この場合において、条項準備者が変更の効力の発生時期を定めたときは、その時期が到来しなければ、変更の効力を生じない。
	(4)　定型条項において、上記(1)本文に基づく定型条項の変更をしない旨の定めがある場合には、上記(1)から(3)までは、適用しない。
部会資料81B	第3　約款
	6　定型条項の変更
	(1)　条項準備者は、次のいずれかに該当するときは、定型条項の変更をすることにより、個別に相手方と合意をすることなく、契約内容を変更することができる。ただし、定型条項において、条項準備者が定型条項の変更をすることにより、個別に相手方と合意をすることなく、契約内容を変更することができる旨が定められているときに限る。
	ア　定型条項の変更が、相手方の利益に適合するとき。
	イ　定型条項の変更が、契約をした目的に反せず、かつ、変更の必要性、変更後の内容の相当性、定型条項に変更に関する定めがある場合にはその内容その他の変更に係る事情に照らして合理的なものであるとき。
	(2)　(1)の規定に基づく定型条項の変更は、条項準備

	者が定型条項を変更する旨及び変更後の定型条項の内容を相当な方法により周知しなければ、その効力を生じない。この場合において、条項準備者が変更の効力の発生時期を定めたときは、その時期が到来しなければ、変更の効力を生じない。
部会資料 83-1	第28　定型約款 　4　定型約款の変更 　⑴　定型約款準備者は、次のいずれかに該当するときは、定型約款の変更をすることにより、変更後の定型約款の条項について合意をしたものとみなし、個別に相手方と合意をすることなく契約の内容を変更することができる。ただし、定型約款にこの4の規定による定型約款の変更をすることができる旨が定められているときに限る。 　　ア　定型約款の変更が、相手方の一般の利益に適合するとき。 　　イ　定型約款の変更が、契約をした目的に反せず、かつ、変更の必要性、変更後の内容の相当性、定型約款に変更に関する定めがある場合にはその内容その他の変更に係る　事情に照らして合理的なものであるとき。 　⑵　定型約款準備者は、⑴の規定による定型約款の変更をするときは、その効力の発生時期を定め、かつ、定型約款を変更する旨及び変更後の定型約款の内容並びに当該発生時期をインターネットの利用その他の適切な方法により周知しなければならない。 　⑶　定型約款準備者は、⑴イの規定による定型約款の変更をするときは、⑵の時期が到来するまでに⑵による周知をしなければ、定型約款の変更は、

	その効力を生じない。
部会資料86-1	第28　定型約款 4　定型約款の変更 (1)　定型約款準備者は、次に掲げる場合には、定型約款の変更をすることにより、変更後の定型約款の条項について合意があったものとみなし、個別に相手方と合意をすることなく契約の内容を変更することができる。ただし、定型約款にこの4の規定による定型約款の変更をすることができる旨が定められているときに限る。 　ア　定型約款の変更が、相手方の一般の利益に適合するとき。 　イ　定型約款の変更が、契約をした目的に反せず、かつ、変更の必要性、変更後の内容の相当性、定型約款に変更に関する定めがある場合にはその内容その他の変更に係る事情に照らして合理的なものであるとき。 (2)　定型約款準備者は、(1)の規定による定型約款の変更をするときは、その効力発生時期を定め、かつ、定型約款を変更する旨及び変更後の定型約款の内容並びにその効力発生時期をインターネットの利用その他の適切な方法により周知しなければならない。 (3)　(1)イの規定による定型約款の変更は、(2)の効力発生時期が到来するまでに(2)による周知をしなければ、その効力を生じない。
部会資料88-1 要綱案 要綱	第28　定型約款 4　定型約款の変更 (1)　定型約款準備者は、次に掲げる場合には、定型約款の変更をすることにより、変更後の定型約款

の条項について合意があったものとみなし、個別に相手方と合意をすることなく契約の内容を変更することができる。

　ア　定型約款の変更が、相手方の一般の利益に適合するとき。

　イ　定型約款の変更が、契約をした目的に反せず、かつ、変更の必要性、変更後の内容の相当性、この4の規定により定型約款の変更をすることがある旨の定めの有無及びその内容その他の変更に係る事情に照らして合理的なものであるとき。

(2)　定型約款準備者は、(1)の規定による定型約款の変更をするときは、その効力発生時期を定め、かつ、定型約款を変更する旨及び変更後の定型約款の内容並びにその効力発生時期をインターネットの利用その他の適切な方法により周知しなければならない。

(3)　(1)イの規定による定型約款の変更は、(2)の効力発生時期が到来するまでに(2)による周知をしなければ、その効力を生じない。

(4)　2(2)〔筆者注：前掲3及び4の部会資料88-1欄参照〕の規定は、(1)の規定による定型約款の変更については、適用しない。

条文 （第548条の4）	（定型約款の変更） 第548条の4　定型約款準備者は、次に掲げる場合には、定型約款の変更をすることにより、変更後の定型約款の条項について合意があったものとみなし、個別に相手方と合意をすることなく契約の内容を変更することができる。 　一　定型約款の変更が、相手方の一般の利益に適

　　　　合するとき。

　二　定型約款の変更が、契約をした目的に反せず、かつ、変更の必要性、変更後の内容の相当性、この条の規定により定型約款の変更をすることがある旨の定めの有無及びその内容その他の変更に係る事情に照らして合理的なものであるとき。

2　定型約款準備者は、前項の規定による定型約款の変更をするときは、その効力発生時期を定め、かつ、定型約款を変更する旨及び変更後の定型約款の内容並びにその効力発生時期をインターネットの利用その他の適切な方法により周知しなければならない。

3　第一項第二号の規定による定型約款の変更は、前項の効力発生時期が到来するまでに同項の規定による周知をしなければ、その効力を生じない。

4　第五百四十八条の二第二項の規定は、第一項の規定による定型約款の変更については、適用しない。

7　経過措置

（施行期日）

第一条　この法律は、公布の日から起算して三年を超えない範囲内にお
　　いて政令で定める日から施行する。ただし、次の各号に掲げる規定は、
　　当該各号に定める日から施行する。

　一　（略）

　二　附則第三十三条第三項の規定　公布の日から起算して一年を超え
　　ない範囲内において政令で定める日

　三　（略）

（定型約款に関する経過措置）

第三十三条　新法第五百四十八条の二から第五百四十八条の四までの規
　　定は、施行日前に締結された定型取引（新法第五百四十八条の二第一項
　　に規定する定型取引をいう。）に係る契約についても、適用する。ただ
　　し、旧法の規定によって生じた効力を妨げない。

2　前項の規定は、同項に規定する契約の当事者の一方（契約又は法律の
　　規定により解除権を現に行使することができる者を除く。）により反対
　　の意思の表示が書面でされた場合（その内容を記録した電磁的記録に
　　よってされた場合を含む。）には、適用しない。

3　前項に規定する反対の意思の表示は、施行日前にしなければならな
　　い。

8　附帯決議

　○　衆議院法務委員会
　政府は、本法の施行に当たり、次の事項について格段の配慮をすべきである。
一〜四　（略）
五　定型約款について、以下の事項について留意すること。
　1　定型約款に関する規定のうち、いわゆる不当条項及び不意打ち条項の規制の在り方について、本法施行後の取引の実情を勘案し、消費者保護の観点を踏まえ、必要に応じ対応を検討すること。
　2　定型約款準備者が定型約款における契約条項を変更することができる場合の合理性の要件について、取引の実情を勘案し、消費者保護の観点を踏まえ、適切に解釈、運用されるよう努めること。
六　（略）

　○　参議院法務委員会
　政府は、本法の施行に当たり、次の事項について格段の配慮をすべきである。
一〜六　（略）
七　定型約款について、以下の事項について留意すること。
　1　定型約款に関する規定のうち、いわゆる不当条項及び不意打ち条項の規制の在り方について、本法施行後の取引の実情を勘案し、消費者保護の観点を踏まえ、必要に応じ対応を検討すること。
　2　定型約款準備者が定型約款における契約条項を変更することができる場合の合理性の要件について、取引の実情を勘案し、消費者保護の観点を踏まえ、適切に解釈、運用されるよう努めること。
八〜十二　（略）

第4編

参考資料

［民法］

（定型約款の合意）

第五百四十八条の二　定型取引（ある特定の者が不特定多数の者を相手
方として行う取引であって、その内容の全部又は一部が画一的である
ことがその双方にとって合理的なものをいう。以下同じ。）を行うこと
の合意（次条において「定型取引合意」という。）をした者は、次に掲
げる場合には、定型約款（定型取引において、契約の内容とすることを
目的としてその特定の者により準備された条項の総体をいう。以下同
じ。）の個別の条項についても合意をしたものとみなす。

　一　定型約款を契約の内容とする旨の合意をしたとき。

　二　定型約款を準備した者（以下「定型約款準備者」という。）があら
　　かじめその定型約款を契約の内容とする旨を相手方に表示していた
　　とき。

2　前項の規定にかかわらず、同項の条項のうち、相手方の権利を制限し、
又は相手方の義務を加重する条項であって、その定型取引の態様及び
その実情並びに取引上の社会通念に照らして第一条第二項に規定する
基本原則に反して相手方の利益を一方的に害すると認められるものに
ついては、合意をしなかったものとみなす。

（定型約款の内容の表示）

第五百四十八条の三　定型取引を行い、又は行おうとする定型約款準備
者は、定型取引合意の前又は定型取引合意の後相当の期間内に相手方
から請求があった場合には、遅滞なく、相当な方法でその定型約款の内
容を示さなければならない。ただし、定型約款準備者が既に相手方に対
して定型約款を記載した書面を交付し、又はこれを記録した電磁的記
録を提供していたときは、この限りでない。

2　定型約款準備者が定型取引合意の前において前項の請求を拒んだと
きは、前条の規定は、適用しない。ただし、一時的な通信障害が発生し
た場合その他正当な事由がある場合は、この限りでない。

（定型約款の変更）

第五百四十八条の四　定型約款準備者は、次に掲げる場合には、定型約款の変更をすることにより、変更後の定型約款の条項について合意があったものとみなし、個別に相手方と合意をすることなく契約の内容を変更することができる。

　一　定型約款の変更が、相手方の一般の利益に適合するとき。

　二　定型約款の変更が、契約をした目的に反せず、かつ、変更の必要性、変更後の内容の相当性、この条の規定により定型約款の変更をすることがある旨の定めの有無及びその内容その他の変更に係る事情に照らして合理的なものであるとき。

2　定型約款準備者は、前項の規定による定型約款の変更をするときは、その効力発生時期を定め、かつ、定型約款を変更する旨及び変更後の定型約款の内容並びにその効力発生時期をインターネットの利用その他の適切な方法により周知しなければならない。

3　第一項第二号の規定による定型約款の変更は、前項の効力発生時期が到来するまでに同項の規定による周知をしなければ、その効力を生じない。

4　第五百四十八条の二第二項の規定は、第一項の規定による定型約款の変更については、適用しない。

［改正法附則］

（施行期日）

第一条　この法律は、公布の日から起算して三年を超えない範囲内にお
　　いて政令で定める日から施行する。ただし、次の各号に掲げる規定は、
　　当該各号に定める日から施行する。

　　一　（略）

　　二　附則第三十三条第三項の規定　公布の日から起算して一年を超え
　　　ない範囲内において政令で定める日

　　三　（略）

（定型約款に関する経過措置）

第三十三条　新法第五百四十八条の二から第五百四十八条の四までの規
　　定は、施行日前に締結された定型取引（新法第五百四十八条の二第一項
　　に規定する定型取引をいう。）に係る契約についても、適用する。ただ
　　し、旧法の規定によって生じた効力を妨げない。

2　前項の規定は、同項に規定する契約の当事者の一方（契約又は法律の
　　規定により解除権を現に行使することができる者を除く。）により反対
　　の意思の表示が書面でされた場合（その内容を記録した電磁的記録に
　　よってされた場合を含む。）には、適用しない。

3　前項に規定する反対の意思の表示は、施行日前にしなければならな
　　い。

［整備法］

○電気通信事業法（昭和五十九年法律第八十六号）

改　正　法	現　行
（民法の特例） 第百六十七条の二（現百六十七条の三）　電気通信事業による電気通信役務の提供に係る取引に関して民法（明治二十九年法律第八十九号）第五百四十八条の二第一項の規定を適用する場合においては、同項第二号中「表示していた」とあるのは、「表示し、又は公表していた」とする。	（新設）

○鉄道営業法（明治三十三年法律第六十五号）

改　正　法	現　行
第十八条ノ二　鉄道ニ依ル旅客ノ運送ニ係ル取引ニ関スル民法（明治二十九年法律第八十九号）第五百四十八条の二第一項ノ規定ノ適用ニ付テハ同項第二号中「表示していた」トアルハ「表示し、又は公表していた」トス	（新設）

○軌道法（大正十年法律第七十六号）

改　正　法	現　行
第二十七条ノ二　軌道ニ依ル旅客ノ運送ニ係ル取引ニ関スル民法（明治二十九年法律第八十九号）第五百四十八条の二第一項ノ規定ノ適用ニ付テハ同項第二号中表示していたトアルハ表示し、又は公表していたトス	（新設）

○海上運送法（昭和二十四年法律第百八十七号）

改　正　法	現　行
（民法の特例） 第三十二条の二　一般旅客定期航路事業、人の運送をする貨物定期航路事業又は人の運送をする不定期航路事業（特定の者の需要に応じ、特定の範囲の人の運送をする不定期航路事業を除く。）による旅客の運送に係る取引に関して民法（明治二十九年法律第八十九号）第五百四十八条の二第一項の規定を適用する場合においては、同項第二号中「表示していた」とあるのは、「表示し、又は公表していた」とする。	（新設）

○道路運送法（昭和二十六年法律第百八十三号）

改　正　法	現　行
（民法の特例） 第八十七条　次に掲げる取引に関して民法（明治二十九年第八十九号）第五百四十八条の二第一項の規定を適用する場合においては、同項第二号中「表示していた」とあるのは、「表示し、又は公表していた」とする。 一　一般乗合旅客自動車運送事業若しくは一般乗用旅客自動車運送事業による旅客の運送又は自家用有償旅客運送に係る取引 二　一般自動車道の通行に係る取引	第八十七条　削除

○航空法（昭和二十七年法律第二百三十一号）

改　正　法	現　行
（民法の特例） 第百三十四条の三（現百三十四条の四）　航空運送事業による旅客の運送に係る取引に関して民法（明治二十九年法律第八十九号）第五百四十八条の二第一項の規定を適用する場合においては、同項第二号中「表示していた」とあるのは、「表示し、又は公表していた」とする。	（新設）

○道路整備特別措置法（昭和三十一年法律第七号）

改　正　法	現　行
（民法の特例） 第五十五条の二　道路の通行又は 　利用に係る取引に関して民法 　（明治二十九年法律第八十九号） 　第五百四十八条の二第一項の規 　定を適用する場合においては、 　同項第二号中「表示していた」 　とあるのは、「表示し、又は公表 　していた」とする。	（新設）

●事項索引

定型約款の実務Q & A〔補訂版〕

2018年12月5日　初　版第1刷発行
2023年8月31日　補訂版第1刷発行

著　　者　　村　松　秀　樹
　　　　　　松　尾　博　憲

発 行 者　　石　川　雅　規

発 行 所　　株式会社 商 事 法 務

〒103-0027 東京都中央区日本橋3-6-2
TEL 03-6262-6756・FAX 03-6262-6804〔営業〕
TEL 03-6262-6769〔編集〕
https://www.shojihomu.co.jp/

落丁・乱丁本はお取り替えいたします。　　　印刷／三報社印刷㈱
© 2023 Hideki Muramatsu, Hironori Matsuo　Printed in Japan
　　　　　　　　　Shojihomu Co., Ltd.
ISBN978-4-7857-3041-3
＊定価はカバーに表示してあります。